湛庐 CHEERS

与最聪明的人共同进化

HERE COMES EVERYBODY

CHEERS
湛庐

钱静 王彩霞 马金库 著

积极的家庭 养育幸福的孩子

湖南教育出版社
·长沙·

你会与孩子进行积极有效的沟通吗？

扫码加入书架
领取阅读激励

扫码获取全部测试题及答案，一起营造积极的家庭氛围。

- 孩子在日常生活中如果能积累一定量的积极情绪，那么就会更好地应对负面事件。要想帮助孩子打造积极情绪，父母更有效的做法是：

  A. 经常向孩子表达对他的欣赏

  B. 告诉孩子做不到就算了，不用勉强自己

  C. 在孩子遇到困难时，立刻提供帮助，不让他有挫败感

  D. 在孩子哭泣时，告诉他应该坚强，哭解决不了问题

- 当孩子遇到挫折时，父母怎样表达能给孩子更有效的支持和鼓励？

  A. "做错了没关系，慢慢来。"

  B. "只要你努力，什么事都能做好。"

  C. "别想了，反正也改变不了什么。"

  D. "尽管很难，但你一直没有放弃，我为你感到骄傲。"

- 六年级的牛牛回家告诉妈妈，有一个同学在体育课上没有参加测试，老师却直接给了一个不错的成绩。牛牛觉得不公平，此时妈妈更好的回应是：

  A. "所以，一定要和老师搞好关系！"

  B. "别管别人，做好自己才是最重要的。"

  C. "那你为什么不当面去质疑老师呢？和我说又没用。"

  D. "老师的做法确实存在问题，生活中也会有不公平的现象，比如……"

扫描左侧二维码查看本书更多测试题

推荐序

积极的家庭,帮助孩子拥有卓越的心理品质

彭凯平
清华大学社会科学学院院长

在今天的世界,成长对孩子来说比以往更具挑战性。孩子必须学会适应不断增长和不断进阶的教育与学习要求。对于每个家庭来说,在这个压力大、节奏快、信息爆炸、多元文化异彩纷呈的新时代,养育一个健康、快乐,并能满足学业要求的孩子也比以往更具挑战性。

通常来说,储备不足的年轻人在进入社会后会很难表达自己的情感与意见。其中一项很重要的原因是,他们在儿童时期缺乏积极的品格塑造

与成人角色的培养。心理学上通常会将孩子的心理能力建构置于由认知、情感、意志所构成的心理过程方面，与由气质、个性、品格所构成的心理特质方面所共同构成的维度里进行考察。心理过程与心理特质的健康与否会集中体现在孩子在学习、社会行为与社交方面的种种具体表现上。举例来说，如果一个孩子无法很好应对自己的情绪，很大可能会表现出某些行为问题。世界卫生组织（WHO）数据显示，全球10%～20%的青少年有精神卫生疾患。而2021年发布的《中国儿童青少年精神障碍流行病学调查报告》显示，在6～16岁在校学生中，精神障碍总患病率达17.5%。

儿童心理健康的重要性

从现实来看，很多学校与家庭在孩子的学业成绩与心理健康二者之间做选择时，更偏向于前者。成年人可能会想："当年我就是这么熬过来的，也没出啥问题，所以现在这些孩子也没啥熬不过来的。"然而，世界卫生组织指出，几乎半数的精神障碍发生在14岁之前。精神障碍是一个广泛的术语，用于描述对一个人的学习、工作和情绪应对能力产生负面影响的疾病，这些疾病有神经和心理基础，包括成瘾、饮食失调、退行性疾病、情绪障碍、神经症、精神病、睡眠障碍等。而这些疾病无一不会影响人类正常的大脑功能、情绪和行为倾向。因此，儿童时期是各项心理问题的高发期，孩子更容易遭受心理问题的侵袭，也就更容易产生抑郁与焦虑。

积极心理学近年来大量的研究表明，我们不应该告诉孩子"坚强起来"或"挺一下就过去了"，而应该帮助他们培养积极的心理过程，建构健康的心理特质。归根结底一句话：帮助孩子成为拥有卓越心理品质的真正的人。

家庭在孩子的心理健康中扮演什么角色

　　Nellie Mae 教育基金会于 2017 年发表的一篇文献表明，当父母积极参与并持续参与孩子的生活时，孩子就能茁壮成长，特别是在塑造优秀品格与亲社会行为上表现相当显著。比如，当父母能够积极与学校互动、使用社交网络合理参与孩子的学习并在学习上切实帮到孩子的时候，孩子的上学出勤率与学习热情会相应提高。成功的家庭教育还有一个明显的益处：会减少孩子花在互联网上的时间。

　　研究表明，任何的事件关联性都会对孩子的心理发展与学习成就产生影响。好的家庭教育介入能够极大消除各种事件对孩子的消极影响，放大积极的影响。以使用电子产品为例，无节制地使用电子产品会导致孩子注意力分散，影响深入思考；频繁点击链接会导致孩子理解能力减弱；长时间观看多媒体会引发孩子认知超载；等等。但是，如果经过科学引导与管理，同样的电子产品将会改善孩子的手眼协调能力，增强孩子的反应速度、视觉线索处理能力、解决问题的效率，帮助孩子快速判断网页的价值，提升孩子的团队合作能力、判断力与决策力。由此来看，父母对孩子的正确引导是保证孩子成为"精英"而不是"问题少年"的关键。家庭教育在孩子心理健康中所扮演的最重要的角色，就是积极而合理的陪伴与科学的养育。

走出"原生家庭"的误区

  幸运的是,如今越来越多的父母开始重新思考家庭教育,但当下的问题在于,很多父母发现自己重视的越多,似乎孩子们的"问题"也越多。当然,孩子的"问题"有个体的原因,有社会的原因,有学校的原因,有老师的原因。不过,家庭确实是这些"问题"最初的、最重要的,也是最难以改变的原因。这便是"原生家庭"在这些年来受到大众关注的重要原因。

  对"原生家庭"的反思应该说是一种积极的心态,是心智逐渐成熟的表现,只不过,我们要避免将分析结果导向宿命论,将人生的问题都归咎于父母没有做好养育工作。其实,原生家庭的缺失大多可以通过后天的个体努力来补充。随着关注自己"原生家庭"的年轻人陆续也做了父母,当代年轻的父母们正在急切地探索两大问题:父母要为孩子搭建怎样的家庭生态?父母应该教会孩子哪些重要的品质和技能?

  本书针对这两个重要问题,将积极的力量带到家庭养育中,给出了系统有效的解决策略——搭建积极家庭。积极家庭可以说是有爱、有复原力的家庭。积极的力量就是爱的能力,是让自己开心幸福的能力。随着人工智能时代的来临,家庭教育可以不教孩子那些机器能做的事,但是必须教给孩子那些机器做不到、只有人可以做到的事,让孩子拥有机器取代不了的能力,包括爱的能力、幸福的能力、建立意义的能力、同理心、自控力、道德心、善良心、共鸣的能力、形象思维的能力等。本书的作者们在构建积极家庭领域进行了长时间的、大量的研究与实践,通过打造积极家庭的两大系统，在良好的家庭生态中让孩子发展出以上这些至关重要的品格与能力，是本书的核心。这本书还通过讲解积极家庭 6 种特质，让父母运用科学而富有人文关怀的方式帮助孩子培养建立那些永不褪色的卓越人格品质和生活技能，从而让孩子能够从容地应对一个不断变化的世界。

提升孩子幸福感的 4 种方法

与一些等孩子出了问题后找专家的父母不同，在积极家庭中的父母能够更早地发现孩子的问题。因为懂得积极对话和沟通的父母会与孩子进行更多的交流，陪伴孩子、关心孩子的父母更容易及时发现孩子的问题。积极参与的父母会主动学习科学养育，愿意与其他父母进行对话、交流、分享，借鉴别人的教训，能对孩子的情况做出更加准确的判断，并防范自己的养育误区。最终，提高孩子的幸福感。

那么父母们如何做才能提高孩子的幸福感呢？积极教育者认为可以通过以下 4 种最基础的方法：

第一种方法是培养孩子的正念。这里的正念指的是以正确的世界观、人生观、价值观为基础的情绪与行为。多项研究显示，良好的家庭正念辅助将对孩子产生诸多好处，比如获得平和放松、改善睡眠质量、降低敏感情绪、增强自我保健和自我管理意识、增加自我接受度、拥有更好的情绪调节能力、增强目标清晰度、减少考试焦虑、提高注意力等。

第二种方法是体育锻炼。清华大学有"无体育不清华"的口号与实践，也有"为祖国健康工作 50 年"的目标。体育锻炼是一个人感到幸福、拥抱健康生活的极为关键的组成部分。精神病学家约翰·瑞迪（John Ratey）教授在《运动改造大脑》（Spark）①中特别强调了运动对青少年的诸多好处——构建脑细胞、辅助治疗抑郁症、开启注意力、动机和记忆系统等，总之运动可以优化大脑的学习能力、调节情绪、提高动力。

第三种方法是社交情绪学习（social and emotional learning，SEL）。社交情绪学习是全球公认的帮助儿童识别、理解和管理情绪过程的优质理论与方法。在社交情绪学习的过程中，孩子将更快速地学会建立和实现目标、表达对他人的同理心、发展对别人的关心和照顾，做出负责任的决定。大量实践表明，孩子通过社交情绪学习，学习态度和学习行为会得到改善，学习动力更强，更能减少焦虑与无助感，主动投入功课的时间更多，在课堂上主动学习与参与行为更好，从而取得更好的学习成绩，并且能与老师以及同学建立更好的关系。

第四种方法是日行一善与感恩。研究表明，人类良善的活动会让个体受益，善意行为的数量与人们的幸福程度之间存在正相关的关系。心理学家们亦发现，做好事比观察更重要。对家人和朋友的善意行为比对陌生人

---

① 哈佛大学医学院副教授约翰·瑞迪的革命性著作，揭示了想要优化大脑功能，运动是唯一最有效的工具。运动不只能健身、锻炼肌肉，还能刺激脑干，提供能量、热情和动机，调节脑内神经递质，改变既定的自我概念，稳定情绪，增进学习力。作者在书中系统讲解了如何通过运动提高学习效率、记忆力、抗压力与专注力，告别抑郁和焦虑。这本书的中文简体字版已由湛庐引进，浙江科学技术出版社于2023年5月出版。——编者注

做出善意的行为更能增加幸福感。友善是一种亲社会行为，学会这项技能的孩子会更受同龄人的认可，他们的幸福感也会得到提升。从这个意义上来说，父母对孩子的善意将提高孩子的幸福感，而这种善意一定不是以逼迫孩子成为一个什么样的人，而是以帮助孩子成为他本来应该成为的那个人为基础的。

没有什么"养育大师"能够帮我们把自己的孩子养好。但是，我相信这本书能让更多父母学会为家庭注入积极的力量。让我们在积极家庭中成为幸福的父母，让幸福的父母培养出内心充盈的孩子。

最后，父母要以身作则，让自己成为那个幸福而平和的父母。正如这本书强调的养育观念：如果父母们始终如一地树立积极的心态，掌握科学的方法，给孩子丰盛的人文关怀，并切实关照孩子的福祉，那么孩子一定可以活出蓬勃的人生。

前 言

不同的家庭，养出不同的孩子

钱静
清华大学社会科学学院心理学系副教授

每个孩子都是人间的一朵花，需要精心呵护和灌溉才能茁壮成长。而家庭则是孩子成长的摇篮，是孩子的天性发掘与展现之地。因此，如何在家庭中营造积极、温馨的氛围，培养出健康、自信、有爱心的孩子，成为当今社会很重要的议题。

不同的家庭养育模式会造就不同的孩子，如何找到最适合自己孩子的养育模式，是父母们都非常关注的。在思考这个问题的过程中，我们发现了"积极家庭"这个理念。积极家庭是指一个系统，包括家庭作为一个小团体的运行机理及其特质。通过对积极家庭的研究和实践，我们发现了具有某些特质的家庭能让孩子更加自信、开朗，更有独立思考的能力，并且这些能力可以帮助孩子在未来更好地面对困境和挑战。

每个孩子都有其独特的天性和特点，因此，父母需要采用不同的养育模式来培养孩子。例如，有些孩子比较胆小敏感，需要更多的安全感和温暖；而有些孩子则比较活泼好动，需要更多的锻炼和挑战。另外，不同条件和性格的父母也会采取不同的养育模式。例如，一些父母可能更加严格和强势，希望通过控制孩子的行为来实现教育目标；而另一些父母则更愿意尊重孩子的选择和决策，并鼓励孩子发挥自己的创造力和想象力。

在探索合适的养育模式时，我们可以先了解自己的家庭教育方式，看看是否存在一些不太健康或者不太有效的习惯。例如，一些父母可能会过于关注孩子的成绩和表现，而忽略了他们的情感需求；还有一些父母可能会使用惩罚和批评的方式来管教孩子，而这样的方式往往会引起孩子的反感和抵触。因此，我们需要不断反思和调整自己的教育方式，才能更好地满足孩子的需求。

家庭中的每个成员都是独一无二的，而建立积极的家庭关系可以让每个人更加快乐和满足，这一点非常重要。这本书中包含了增强家庭成员之间联系和互动的技巧，提高亲子之间沟通质量的表达技巧，管理和经营"家庭关系银行"的方法，等等。

沟通交流是家庭成员相互理解的重要方式，也是解决问题和化解矛盾的有效途径。然而，很多家庭存在着沟通障碍，如被动、非建设性的回应等。为了促进亲子之间进行积极有效的沟通，书中会讲解如何营造适宜的家庭沟通氛围，包括关注孩子的情感和需求、倾听孩子的观点和想法、避免批评和指责等；以及在沟通时可以使用的一些有效的策略，如非暴力沟通法、积极反馈、积极询问等。

情绪是人类最基本的动力和能量来源之一，不仅影响个体的生理和心理健康，也会影响家庭成员之间的交流和互动。幸福的家庭充满了正向的情绪和能量，因此，书里也会有很多在家庭中激发积极情绪的技巧。

接下来，我们就将深入探讨积极家庭的内涵和特质，以及如何营造这种家庭氛围。书中所有的"家庭案例"都是真实的，虽然案例中的人物都用的是化名，但案例中的故事都来自真实家庭，对于父母们具有实际的参考价值。我们相信，无论你是新手父母还是有经验的父母，这本书都可以给你带来一些启示和帮助。让我们携手打造积极、温馨的家庭环境，将孩子养育成为独立、自主、有智慧的人。

目 录

推 荐 序　积极的家庭，帮助孩子拥有卓越的心理品质
彭凯平
清华大学社会科学学院院长

前　　言　不同的家庭，养出不同的孩子
钱静
清华大学社会科学学院心理学系副教授

第一部分
4种性格类型，发现孩子的积极天性

第 1 章　热情乐观的向日葵　　　　　　　　　009
第 2 章　严谨认真的玫瑰　　　　　　　　　　019
第 3 章　勇敢坚定的仙人掌　　　　　　　　　029
第 4 章　冷静内敛的含羞草　　　　　　　　　037

第二部分
4种养育模式，造就不同的孩子

第 5 章　退后一步，不做强势控制型父母　　　051
第 6 章　关爱有度，不做溺爱放纵型父母　　　059
第 7 章　及时支持，不做忽视淡漠型父母　　　069
第 8 章　尊重引导，成为权威民主型父母　　　075

第三部分
构建积极家庭的两大系统

第 9 章　积极亲密系统：分步骤层层加固　　091
第 10 章　积极亲子系统：随孩子成长动态运行　　099

第四部分
培养积极家庭的 6 种特质

第 11 章　积极氛围：在潜移默化中培养　　121
第 12 章　积极情绪：激活孩子内心的"能量块"　　133
第 13 章　积极关系：家庭是一个成长共同体　　145
第 14 章　积极沟通：沟通的目的不是说服　　155
第 15 章　积极对话：和孩子说话有技巧　　165
第 16 章　积极参与：沉浸福流，高质量陪伴　　179

结　语　在积极家庭系统中"富养"孩子　　193

后　记　一套系统，化解大部分养育问题　　199

王彩霞
大学副教授、积极心理学研究者与实践者

参考书目　　203

第一部分

4种性格类型，发现孩子的积极天性

导读

小测试 你的孩子是哪种性格类型？

下面这个测试，描述了不同性格类型的孩子在生活中的不同表现。请在 4 个选项中选择最符合你孩子的一项描述。如果有多项都符合，可以多选，并在完成测试后统计各个选项的数量。如果孩子能自己做这个测试，可以让孩子独立完成。

1. 孩子认为自己大多数时候：
A. 勇于冒险　　　　　B. 井井有条
C. 坚决果断　　　　　D. 细腻体贴

2. 经常听到别人这样评价孩子：
A. 开心果，受人欢迎　　B. 有条理，认真负责
C. 有韧性，充满自信　　D. 有耐心，善于倾听

3. 孩子通常这样完成手头的任务：
A. 赶在最后期限前完成　B. 做好计划，分步骤完成
C. 一鼓作气，提前完成　D. 默默地按时完成

4. 在跟朋友相处中，孩子的角色通常是：

A. 活动发起者　　　　　B. 计划推动者

C. 照顾全局者　　　　　D. 聆听参与者

5. 对孩子来说，最快乐的时刻通常是：

A. 和朋友们在一起时　　B. 满意地完成了任务时

C. 能够掌控全局时　　　D. 安静地独处时

6. 对于未来的人生，孩子希望能够更多地体验：

A. 多样的快乐　　　　　B. 稳定和舒适

C. 挑战和刺激　　　　　D. 安全和宁静

7. 孩子在和别人发生冲突时，通常会：

A. 主动和解，过后就忘　B. 分析矛盾，讲清道理

C. 直面冲突，据理力争　D. 默默退让，回避冲突

8. 孩子在面对困难和挑战的时候，通常会：

A. 充满干劲，迎难而上　B. 周密分析，分步骤做

C. 认准目标，坚韧不拔　D. 硬着头皮，尽力克服

9. 孩子通常会跟这样的人做朋友：

A. 有趣欢乐的人　　　　B. 相互促进的人

C. 忠诚可靠的人　　　　D. 容易相处的人

10. 孩子的老师或长辈会这样评价他：

A. 比较感性，善于表达观点

B. 追求完美，对人要求较高

C. 坚强果敢，能够独立行动

D. 温和友善，能够适应环境

11. 在面对压力的时候，孩子的表现是：

A. 不把压力当回事，尽人事听天命

B. 在压力上再加码，努力做到最好

C. 压力越大的时候，动力反而越足

D. 想办法回避压力，会转移和释放

12. 孩子喜欢的群体是：

A. 能畅所欲言，气氛融洽的群体

B. 能相互切磋，精益求精的群体

C. 能勇往直前，开创未来的群体

D. 能心平气和，达成一致的群体

13. 孩子的情绪通常表现为：

A. 情绪多变　　　　　　B. 情绪敏感

C. 情绪直接　　　　　　D. 情绪平稳

14. 孩子面对规则的态度是：
A. 故意不按规则出牌　　B. 希望大家都遵守规则
C. 喜欢自己制订规则　　D. 愿意接受规则

15. 受到赞美时，孩子的表现是：
A. 感到非常快乐，深受鼓舞
B. 不确定赞美是否发自内心
C. 不需要赞美，对自己有信心
D. 假装忽略，不喜欢被关注

以上测试中的A、B、C、D这4个选项分别代表着向日葵型、玫瑰型、仙人掌型和含羞草型4种性格类型。这4种性格类型在每个人身上或多或少都会有一些表现。多数人主要表现为其中的一种性格类型，就是测试结果累计数量最多的选项所代表的类型。但少数人也会出现排名前两三项的占比都很接近，甚至4项平均的情况。这被称作"混合型性格"，孩子身上明显表现出多种性格特征也是正常的。

孩子的性格肯定不是一成不变的，上述测试主要是帮助我们对复杂的性格有标签化的认知。每个人的性格都会在成长中发展变化，尤其是孩子，所以不必囿于某个标签。而且，这4种性格类型也没有优劣之分，我们研究孩子的性格特征只是为了发现孩子性格中的优势。

人的性格是在先天因素和后天环境的共同作用中塑造的，是在人与周围环境的互动中不断调整的，这个动态成长的过程会持续人的一生。性格类型测试的目的是，在孩子性格养成的初期，帮助父母发现并接纳孩子的天性，让父母能够引导孩子正确认知自己的性格特点，发挥自己的优势，在成长中找到自己擅长的领域。对孩子性格优势的探索和培养需要父母付出耐心和时间。

面对不同类型的孩子，父母要如何运用养育策略，帮助孩子发展优势呢？本章将针对不同性格类型的孩子，给出不同的优势培养建议。总的来说，能帮助孩子发展优势的养育要遵循以下两大原则：

1. **聚焦于肯定孩子的优势。** 父母需要向孩子传递这样的观点：每个人都有自己的优势和弱势，要努力发现自己的优势，了解自己的弱势，但不要因为弱势否定自己，不要过度关注自己的弱势，懂得扬长避短才是关键。

2. **着力于帮助孩子发展优势。** 父母需要帮助孩子探索和开发他喜欢做的事情，让孩子用优势带动弱势，在擅长的领域获得价值感。

心理学家艾莉森·高普尼克（Alison Gopnik）[1]在她的经典教育学著

---

[1] 艾莉森·高普尼克是国际儿童学习研究泰斗，她汇集 30 年实证研究创作的经典教育著作《园丁与木匠》，深度剖析了孩子行为背后的学习规律，帮父母掌握幼儿期、学龄期、青春期不同阶段孩子的学习特征。该书的中文简体字版已由湛庐引进，浙江科学技术出版社于 2023 年出版。——编者注

作《园丁与木匠》（*The Gardener and the Carpenter*）中将孩子比作花朵，她提出，为人父母应该像在花园里种花。每个孩子在人生初期都是一颗独特的种子，在种子播撒的时候就注定了未来花朵的类型，而种子本身也藏着生长的能量。园丁要做的是识别花朵的类型，了解花朵需要什么肥料，喜阴还是喜阳，喜湿还是喜干。园丁要充分了解花朵的生长习性和生长周期，顺应天性为其提供营养丰富、安全稳定的环境，在适当的时候松松土、施施肥、驱驱虫，让花朵茁壮成长。

养育孩子也是一样，父母要先了解孩子的类型，以及不同类型孩子的天性，再规划孩子的培养方向，在孩子有优势的领域多给他创造机会，多鼓励他探索和发展。孩子能够在自己擅长的领域把事情做好，就会获得更多的成就感和价值感。同时父母也要了解孩子的弱势，这能帮助父母理解孩子在成长中可能遇到的问题，让养育事半功倍。

父母需要特别注意的是，种子在发芽时会挤压周围的土壤。随着花朵长势越来越好，周围的土壤也会被挤压得越来越厉害，甚至需要换一个大的花盆。父母作为提供"土壤"的园丁，如果因为花朵生长造成挤压而反向施压，就会扼杀花朵的生命力。明智的园丁会适时、适当、适度让出成长空间，顺应花朵的习性来栽培。

第1章

热情乐观的向日葵

如果一个班级里评选"最受欢迎的人",向日葵型孩子一定是不二之选。在团队活动中,向日葵型孩子最容易被推选为队长,因为大家都跟他关系好,都很喜欢他。大家的喜爱和肯定会让向日葵型孩子信心倍增,拥有很多锻炼领导力的机会。

发现向日葵型孩子的优势

自带人际磁场

向日葵型孩子善于也热衷于与人交流,也会因为乐观的性格而拥有更多的社会支持。向日葵型孩子像小太阳一样,用自己内在的能量照亮周围的人,大家都喜欢和他们交往。在影响他人的同时,他们也能从周围的正向反馈中获得能量。向日葵型孩子格外看重关系,他们会愿意在人际交往上花很多时间,并且会为了得到认可而努力。向日葵型孩子会尽可能把自己每天的社交活动安排得满满的,在与人交际的过程中,他们能认识不同类型的新朋友,扩大朋友圈。这种朋友众多的感觉让他们倍感快乐,并乐此不疲。所以,向日葵型孩子是十足的"交际派"。

有些父母认为,孩子的首要任务是学习,可以适当交朋友,但如果花费太多时间与朋友在一起,就会影响学习。在这样想法的驱使下,有些父母会为了让向日葵型孩子好好学习而阻止他社交。其实,向日葵型孩子在交朋友的过程中会收获许多的社会支持,当他遇到困难时,这个社会支持系统就会给予他安慰和鼓励,让他获得被理解、被尊重、压力减轻等积极的反馈,获得更多战胜困难的动力和勇气。人际优势会变成他源源不断的内在能量来源,独处的孤单反而会让他失去活力和动力。

关注事物积极的一面

事情的好坏往往取决于我们如何看待它。当面对一件事情时,一个人的头脑中以最快速度出现的想法,就是他的自动思维。自动思维决定了人们看待事物的态度。向日葵型孩子的可贵之处在于,他们的自动思维往往会使他们关注事物积极的一面,所以他们会以积极的态度应对一切。

家庭案例

丹丹和她的同桌都比较偏科,一次模考后,他们的总成绩没有达到预期,因为他们比较薄弱的科目都是刚刚及格。

同桌看到成绩后泄气地说:"努力了一个月,还是刚及格啊!算了，我不想白费力气了。"丹丹却说："我们的成绩有进步就很好，这说明继续努力还会有所提升的。"

丹丹就是典型的向日葵型孩子，更关注拥有的、当下的、成功的事情，不会过分在乎失去的、过往的、失败的事情。他们很少沉溺于失败，这样的思维方式让向日葵型孩子总是积极向上。

遇到困难积极处理

向日葵型孩子的人生也并非一帆风顺，他们也会遇到困难，只不过他们会积极面对挫折和困境。当遭受打击时，他们会积极应对，就像向日葵会扭转花序追寻阳光一样。

家庭案例

中考前夕，小番茄不小心在运动时受伤，嘴唇缝了 5 针。在拆线之前，他每天只能吃流食。妈妈想给他请一段时间的病假，让他好好休息。他却一直安慰着妈妈，让她不用担心。他对妈妈说，就算不去学校学习，在家让妈妈时刻照顾着，还是只能吃流食呀！目前是他人生的关键时刻，他的目标是考上理想高中，他愿意克服一时的困难，换来更多可能性。

在逆境中，小番茄表现出向日葵型孩子具备的面对困难的 4 大素养：

1. **不怨天尤人**。在小番茄看来，困难已经成为事实，与其花时间抱怨，不如积极解决。

2. **理性思考**。小番茄会冷静地思考问题，在休息和考试之间做出理性的决策。

3. **主动应对**。小番茄能主动掌控自己的生活，直面困难和挫折。

4. **目标明确**。小番茄确立了当下目标是在中考中取得好成绩，进入理想高中，并围绕这个目标行动。

以上就是向日葵型孩子的优势。为了在孩子遇到成长困境时能更加理解他，更好地帮助他找到真正的解决办法，父母还需要了解孩子的性格类型可能对应的弱势。再来看看向日葵型孩子的弱势吧！

理解向日葵型孩子的弱势

有时缺乏紧迫感

向日葵型孩子向往轻松自在，不喜欢被约束。这种性格会使他们缺乏紧迫感和组织纪律性。

> **家庭案例**
>
> 学校组织了一场以家庭为团队的比赛,要求学生带着父母限时完成一系列任务。小胖的同学都在认真地做着任务,可小胖一副不紧不慢的样子。眼看距离比赛结束的时间越来越近,父母着急地催促小胖,可小胖还是很轻松地安慰父母说:"不急不急,不是还有时间嘛!"

小胖是典型的向日葵型孩子,他的拖延不是为了追求完美,而是因为缺乏紧迫感。这种性格会让父母总要不停地催促孩子。这种催促起初也许奏效,但是一旦向日葵型孩子对催促习以为常,就又会松弛下来,继续自由散漫,拖延下去。

不善节制和规划

向日葵型孩子倾向于关注拥有的、当下的事物,所以容易冲动消费。当向日葵型孩子想买什么东西时,父母讲道理是无法劝退他的。

> **家庭案例**
>
> "你已经有十几双鞋了,你穿得过来吗?"妈妈拒绝浩然又要买篮球鞋的请求,"这双鞋和你之前买的款式一样,只是颜色不同而已。"但浩然不这么认为,他说自己非常喜欢这双鞋,新鞋和旧鞋穿起来的感受也完全不同。
>
> 妈妈拗不过他,只好答应了,但是买鞋的费用要从他的零花钱里

> 抵扣。浩然满口答应，可是新鲜劲儿一过，他看着堆积的鞋盒和所剩不多的零花钱，又开始后悔自己的一时冲动。

向日葵型孩子关注当下的满足，远期规划能力较差，父母可以从花钱方面观察和判断孩子是否存在这类问题，提前带孩子学习节制和规划。

过于关注他人的看法

向日葵型孩子善于维系关系，但对于关系的看重使得他们过于依赖他人。只有在人群中，他们才会感到充满活力和干劲儿。他们不能接受独处的冷清，时刻渴望受人关注，所以他们在人群中会出现夸张甚至越界的行为，目的是让大家都注意到自己，可这也会给他人造成困扰。

虽然孩子都希望父母关注自己，但是向日葵型孩子与其他类型孩子相比，他们的需求尤其强烈。他人的肯定、赞美、鼓励对向日葵型孩子来说仿佛是阳光、土壤和肥料，供给不足的话他们就会枯萎。向日葵型孩子还会通过行动努力争取肯定、赞美、鼓励，所以父母常会看到孩子做出"莫名其妙"的举动。如果向日葵型孩子得不到想要的认可，他们会持续向外索求，所以父母要在平日多留心观察孩子释放的信号，及时满足孩子内心的这份需求。

向日葵型孩子的养育诀窍

激发天性中的"希望感"

有的父母会认为,向日葵型孩子天生乐观自信,有时需要给他"泼冷水",免得他骄傲自满。其实,孩子的积极天性犹如种子,是慢慢发芽成长的。如果初期不能得到父母的肯定和守护,也许孩子天性里的那份乐观和自信会被抹杀,那孩子可能就会变得态度消极。其实向日葵型孩子内心很柔软,也很脆弱,他们需要父母用心地守护那颗乐观和自信的种子,陪伴种子慢慢发芽。

心理学家查尔斯·斯奈德(Charles R. Snyder)提出了"希望感"理论,他所说的"希望感"是一种相信未来会比现在更好的心理能力,也是相信自己有力量去实现美好未来的信念。向日葵型孩子天性中就自带"希望感",拥有积极的思维,遇到事情会向着美好的方向期盼。

斯奈德认为,"希望感"包括意志和策略两个因素。也就是说,充满"希望感"的人不光要有意志力去实现希望和目标,更要有实现目标的策略和方法。"希望感"并不是心灵鸡汤或是一种愉快的感觉,而是一种动态的认知动机系统。"希望感"强的孩子会在学业上表现很好,发散思维更强,而且运动水平和适应能力也更强。父母可以通过以下几个策略持续激发向日葵型孩子天性中的"希望感":

- 避免总是盯着孩子的缺点，多肯定和鼓励孩子。

- 帮助孩子在成长各阶段建立清晰的目标。

- 引导孩子探索解决问题的不同路径和方法。

- 帮助孩子制订合理的时间计划。

用亲情加固关系基石

向日葵型孩子最在意的是关系，而往往并不在乎事情本身。比如，父母给向日葵型孩子安排一项任务，这时恰好有朋友需要他的帮助，在乎关系的向日葵型孩子会毫不犹豫地放下自己的任务，去帮助朋友。父母如果能与向日葵型孩子培养出良好的亲子关系，那么亲子关系就会成为孩子非常在乎的关系，孩子也会更加重视父母说的话。

如果父母经常催促和指责孩子，孩子就会感到亲子关系是一种压力，反而会排斥与父母沟通。

家庭案例

拉古的父母希望他主动向长辈礼貌地问好。爸爸习惯于用严父的方式教导他："向长辈礼貌问好是晚辈该做的。"但拉古对爸爸说的道理并不买账。妈妈发现爸爸的方式不奏效，就换了个说法跟他说："你向长辈打招呼会让他们感觉很温暖。而且，妈妈也不希望你被人误解为没礼貌的孩子。"对于妈妈的话，拉古用行动表现出了认同。

爸爸只是传达出向长辈礼貌问好是晚辈应该做的，而妈妈解释说，问好是维系感情的方式，也是体现自己有礼貌的方式。正是因为向日葵型的拉古在乎关系，所以他愿意为了维系关系付出努力。

良好的关系对向日葵型孩子具有积极的作用。父母要善于对向日葵型孩子动之以情，这样不但会减少很多不必要的争执，还能维系良好的亲子关系，有利于营造良好的家庭氛围。同时，父母要多肯定、多赞美、少批评、少指责；多沟通感受、少灌输大道理。在良好亲子关系的基础上，父母再去巩固和加深与向日葵型孩子之间的情感。长此以往，父母对向日葵型孩子的教育将会越来越顺利。

警惕盲目乐观

天性乐观有时会令向日葵型孩子缺乏深度思考。他们习惯性地看到事物好的一面，实则是把事情想得过于美好。当父母发现，向日葵型孩子陷入了盲目乐观所营造出的一种虚假的积极状态时，需要耐心地与他沟通，帮他培养多角度看待问题的思维习惯。

第 2 章

严谨认真的玫瑰

"完美主义""理想主义"都是玫瑰型孩子的典型特征。面对一项任务，玫瑰型孩子不满足于只是达成结果，他们会对完成质量和效果有更高的追求。他们会设定很高的目标，并且不会敷衍交差。他们能在做事情时不断突破，给父母带来意外惊喜。玫瑰型孩子做任何事情都忠诚可靠、专注负责。父母只要告诉他们要达成的目标，他们就会不断地给自己设置更高的标准并要求自己做到。他们做事不仅追求结果完美，还讲求条理。他们具有挑战自我的内驱力，仿佛每天都经历着"打怪升级"的"修炼"。玫瑰型孩子的天性优势在做事时能力能够得到充分发挥，所以他们会是很得力的合作伙伴。

发现玫瑰型孩子的优势

做事专注，责任心强

　　玫瑰型孩子做事非常专注，有极强的责任心。他们会针对任务制订周全的计划，并认真执行。所以，父母和老师会比较放心将事情交给他们。

> **家庭案例**
>
> 周末，福山正在整理自己的衣物，这时同学来电话约他出去打篮球。妈妈本以为他会搁置手头的事出去玩，却听到他对着电话说："我现在还有事情，能不能晚一点儿过去？你们先开始吧。"挂电话后，他没有急于将手头的事草草收尾，而是将可能随手堆放衣物的沙发、椅子、床等地方都检查了一遍，确保自己的衣物都已整理完毕。妈妈问他为什么不先去打篮球，他说："我既然计划要整理衣物，就应该先收拾干净再说。"

当面临关系和任务的选择时，玫瑰型孩子与向日葵型孩子形成了强烈对比。向日葵型孩子会放下手上的事，或者将事情草草收尾，快速赴约。而玫瑰型孩子会坚持完成任务，再去赴约。在关系与任务之间，玫瑰型孩子认为应该在完成任务的前提下，再来处理关系。

这种选择与他们天性的认知风格有关。心理学家赫尔曼·威特金（Herman A. Witkin）研究知觉时发现，一些人很难从视野中离析出知觉单元；另一些人较易从视野中离析出知觉单元。他将人划分成场独立型（field independence）和场依存型（field dependence）两种类型。场独立型的人喜欢独自工作，当他们正在处理事情时，如果你需要帮忙，他们会很认真地告诉你"我知道你现在需要帮忙，但我要先把手头的事情做完"。比如福山会跟同学商量可否推迟时间，如果不能推迟，他会让同学们先开始，无须等自己。在解决问题时，他们不会凭借直觉，而会通过逻辑分析。比如，福山在整理衣物时，不会满屋子瞎找，而会检查所有可能放衣服的地方。

玫瑰型孩子属于场独立型的人，所以他们喜欢做需要进行深度思考、运用抽象思维的任务。他们的认知资源会集中于当前的任务，并且会表现出非常专注的状态。

高标准、严要求、道理大于情理

玫瑰型孩子认为做事要有严格的标准，符合标准就是对，不符合标准就是错。他们最常用的词是"应该"，这个词略带评判色彩，如果语气不当很容易让人误解。其实，玫瑰型孩子只是想强调既定的规则，而不是针对做事的人。对待自己的错误，他们会认真反思、总结经验，绝不再犯。他们也会用同样严格的标准要求其他人。即使是对好朋友，玫瑰型孩子依然会严肃认真地指出问题。

> **家庭案例**
>
> 雷神在班里担任纪律委员，从不徇私情。有一次他最好的朋友迟到了，想找他通融一下。朋友央求道："雷神，我早上就迟到了5分钟，也不是多么严重的事情，你就帮个忙，算了吧。""那可不行，晚1分钟也是迟到。"雷神态度坚决不为所动，"不过感谢你提醒了我，迟到5分钟确实不能跟迟到半小时相提并论，所以我应该把迟到的时间也记录下来。"

与玫瑰型孩子相处不需要揣摩他们的心思,他们的标准简单且明确。这样的孩子很适合从事原则性强的工作,比如法官、检察官、警察等,他们一视同仁、不偏不倚的态度,有助于他们在这类工作中如鱼得水。

也许有些父母会很羡慕这样省心又懂事的孩子。玫瑰型孩子的这些特点会让大多数父母向往。追求高目标、做事严谨又专注,这些听上去都是优点。然而,当玫瑰型孩子追求卓越时,他们也可能会落入"完美主义陷阱"。

理解玫瑰型孩子的弱势

过度苛责和自省

玫瑰型孩子将"吾日三省吾身"贯彻得非常彻底。即便已经做得很好了,他们依然会反思自己是否有可以改进的空间,力争做到更好。这样追求完美反而会成为他们思想和行动上的双重负担。

玫瑰型孩子还会追求态度上的正确。在他们的逻辑里,做错事后一定要认真反省,绝不可忽视问题。然而过于频繁地反思,可能会成为玫瑰型孩子的成长负担。

值得注意的是,玫瑰型孩子的"丧气话",在其他人听起来却带有"凡尔赛"色彩。因为,玫瑰型孩子认为自己不尽如人意的表现,是他们参照自我要求得出的结论。他们不跟其他人比较,只与自己设立的高标准相比,认为自己做得还不够好,有时会对自己有很多负面的评价。

高度敏感，缺乏安全感

玫瑰型孩子常常眉头紧锁，细致入微地观察周围的人和事，能够敏感地察觉到周围人的一举一动和情绪变化。他们的性格不喜欢争斗，但表面展现的平静不代表他们不在乎。

> **家庭案例**
>
> 轩哥放学回到家，妈妈对他说："你可回来啦！妈妈好想你啊。"轩哥对妈妈突如其来的热情感到惊讶，小脑袋开始琢磨妈妈为什么一反常态。是自己做了什么让她高兴的事情？还是发生了什么让她开心的事情？
>
> 第二天轩哥放学回家时，妈妈只是招呼了一句："回来了。"轩哥觉得有点儿不对劲：为什么妈妈没有那么热情了？是不是自己做错了什么事情？
>
> 实际上，可能只是因为前一天妈妈早早做好了晚饭，期待孩子赶紧回家吃饭；而第二天轩哥回家的时候，妈妈正在手忙脚乱地做饭。

玫瑰型孩子内心高度敏感，他们会小心翼翼地避免犯错。可是高度敏感就像一个厚重的外壳，他们会把自己束缚在壳里。相比于其他类型的孩子，玫瑰型孩子内心更脆弱，需要更多的鼓励和肯定。

玫瑰型孩子的养育诀窍

补齐人际短板

玫瑰型孩子会严格约束自己来完成任务。这是因为成功会给他们带来成就感，放松下来反而会让他们感到不安，他们内心有一个声音不停在说："你该认真一些，不要浪费生命。"所以玫瑰型孩子会把空闲时间安排得非常满，就像一个不断执行任务的"工具人"。

玫瑰型孩子容易过度关注手头的任务，父母要多鼓励孩子平衡生活与学习，引导孩子建立多元视角衡量生活和人际交往，让孩子明白成功和幸福其实有着多元化的指标，比如愉悦的体验、满意的关系、爱的感受、生活的意义等。

玫瑰型孩子不会花费很多时间去交朋友。他们的挑剔，从某种程度上来说是他们人际交往的短板，父母可以从以下两方面引导孩子：

- 避免总盯着他人的缺点，要多关注他人的优点。

- 培养包容心态，在合作时要包容他人的不完美。

善用匠人精神

玫瑰型孩子会因为自我期待过高，而对任务投入更多的精力。尤其在团队合作中，玫瑰型孩子对高标准的追求会不断升级，最终让自己陷入无尽的疲惫中。

> **家庭案例**
>
> 欣欣担任了班干部后感到压力很大。在学习上，欣欣容不得自己出现一丝一毫的懈怠，她认为班干部要在学习上做表率。在班级工作中，欣欣还得时刻注意做到"一碗水端平"，避免同学们有意见。
>
> 数学老师经常以欣欣做榜样，夸赞她在解题中善于思考，有时一道题会给出两种以上的解法。这下，欣欣开始在解题中探索更多不同的解法，甚至一道题希望找到第三种、第四种解法。在这个过程中，她感到很疲惫。

玫瑰型孩子会不断设立高标准，给自己设置不可能完成的任务。这会让他们在成长道路上遭遇许多困难。

有的父母会认为永不满足是孩子的"性格缺点"，从而陷入对孩子的担忧中，这种情绪状态会影响玫瑰型孩子对自我的认同。其实，父母不妨将不断追求高标准看作一种积极的品质——匠人精神。玫瑰型孩子对完美的追求，实际上正是不断探索、发现问题并积极解决的品质。这些品质在当下社会难能可贵。

理解完美背后的情绪

玫瑰型孩子会以为自己高标准、严要求是理性思考后的决断。而神经

第 2 章
严谨认真的玫瑰

科学家安东尼奥·达马西奥（Antonio Damasio）[1]指出，很多看似是冷静且理性的决定，实则是弱化或美化情绪的结果。玫瑰型孩子不断追求极致的背后，其实隐藏着恐惧情绪。

玫瑰型孩子为什么会恐惧呢？这是因为在他们看来，通过对自己的高标准、严要求，即可不断趋于优秀。可是，优秀之路没有捷径，更没有止境。一旦做不到，他们就会难过、失落，认为自己能力不足。为了实现卓越的目标，他们会变得害怕犯错。

> **家庭案例**
>
> 小学生哈尼在学习上一直严格要求自己，比如会要求自己以印刷体的标准抄写单词。但是在抄写中，她常常被自己气哭。妈妈拿起她的作业本，看到她写的单词虽然达不到印刷体的水平，但相比同龄孩子已经写得很好了，所以很不理解她为什么哭，并这样安慰她："好啦，不就是写个字嘛，不至于，抓紧把作业写完不就好了？"可是妈妈越这样说，哈尼就哭得越厉害，妈妈没了耐心，安慰也变成了指责："这点儿小事至于吗？还哭个没完没了！"

玫瑰型孩子追求完美，注重细节。而这伴随着对自我的过度批评和对

---

[1] 掀起20世纪"情感革命"浪潮的科学家，对情绪、感受和意识的神经过程研究做出了开创性的贡献。其作品"情绪与人性"五部曲——《笛卡尔的错误》《万物的古怪秩序》《当自我来敲门》《寻找斯宾诺莎》《当感受涌现时》的中文简体字版已由湛庐引进出版。——编者注

任务的过高要求。外人看到的玫瑰型孩子对完美的渴望，只是海面上露出的冰山一角，其实海面下隐藏的大部分冰山主体都是他们对失败的恐惧。

清华大学社会科学学院院长彭凯平教授给出的一套"CREAM 法则"，很适合父母帮助玫瑰型孩子掌控情绪。"CREAM 法则"有以下 5 个具体步骤：

1. **C 代表觉知（cognition），要发现孩子当下的情绪。**父母要允许孩子出现负面情绪，不要表现出排斥或者抗拒。

2. **R 代表互惠（reciprocity），不要强迫孩子做他不愿意做的事情。**父母与孩子之间应该互相支持，如果父母强迫孩子做他不愿意做的事，孩子就会产生抵触情绪，这会激化亲子之间的矛盾。

3. **E 代表同理心（empathy），要理解、肯定与鼓励孩子。**父母要肯定和鼓励孩子现有的成就，避免否定和打击。

4. **A 代表接纳（acceptance），要引导孩子学会与情绪共处。**父母要教会孩子接纳当下的状况，学会与情绪共处。孩子只有认清了内心的感受，才知道该如何调整心态，转化情绪。

5. **M 代表管理（management），要深度探讨，积极应对。**最后关键的一步是父母要帮孩子解决问题，在这个过程中让孩子找回掌控人生的信心。

总之，对玫瑰型孩子来说，当他们学会用一颗包容的心对待自己的情绪时，他们才能感受到情绪的积极价值，感受到人生的复杂况味。

第 **3** 章

勇敢坚定的仙人掌

仙人掌型孩子具有坚毅的品格，他们会对目标保持持久的兴趣，会为目标付出长期的努力，即使这种付出并不能即刻获得回报。仙人掌型孩子不愿被约束，且具有一定的领导能力；他们渴望成就，是实干家；他们努力成为别人的榜样，希望一切都在正确的轨道上发展；他们是规则的制定者也是破坏者，不相信这个世界上只有一条通向成功的道路，为了获得成功会采取非常规的方法。仙人掌型孩子不甘于平凡，永远精力充沛。他们是冒险家，会为了目标勇往直前，比起细节和周围人的感受，他们更关注结果和目标的达成。

发现仙人掌型孩子的优势

行动敏捷，抗逆力强

抗逆力，也有学者称之为"复原力""心理弹性""韧性"，是指一个人处于困难、挫折、失败等逆境时的心理协调和适应能力。

仙人掌型孩子的抗逆力强表现在，他们有很棒的组织力，生命力顽强且精力充沛，不管遇到多大的阻力，都能够快速地从挫折中恢复。

仙人掌型孩子不会让负面事件影响自己，每一次挫折都能够帮助他们获得新的经验。他们总是神采奕奕地随时准备投入新的领域。他们对生活的热爱会不断地引导他们向前，促使他们获得新的兴趣和能力。

外表带"刺"，但内心柔软

仙人掌型孩子外表带"刺"，内心柔软。他们会站在团队或集体的角度考虑问题、帮助别人。只不过，因为他们更加注重效率，会以自己对世界的判断来构建规则，并希望其他人也能够按照这套规则行事，所以看起来有"刺"。但其实这也是他们的一个社交优势：直来直去，不拖泥带水。

仙人掌型孩子会要求自己保持坚定和执着。也正因为如此，人们往往忽略了他们内心柔软的部分。这部分很隐蔽，没有外表的"刺"那么明显，但如果你愿意走近他们仔细观察，就会看到他们内心真诚坦荡的一面，也更容易与他们建立相互信任的关系。

仙人掌型孩子因为身上自带的"刺"，很难让人亲近，所以在社交关系中，他们会有比较大的弱势。

理解仙人掌型孩子的弱势

对情绪感知力弱

有些人特别善于感知他人的情绪,也能敏锐地觉察到自己的情绪,知道如何脱离情绪做出判断和决策,也能够解读出各种情绪产生背后的原因。这类人通常能拥有很好的人际关系。然而,对于仙人掌型孩子而言,对情绪的感知及表达恰恰是他们相对薄弱的地方。在他们学习识别和表达情绪的过程中,父母要先接纳孩子的情绪,包括负面情绪。因为,几乎所有的负面情绪都有其正面的意义和价值,正视和接受所有情绪的表达,才能促进健康情绪的发展。

当仙人掌型孩子不清楚自己情绪的来源,只是感到烦躁、郁闷时,父母要站在孩子的角度,帮他们脱离情绪找到问题所在。

同理心弱

同理心是想象自己置身于对方处境、体会对方感受的能力。同理心至少包括两个能力:一是分辨他人情绪的能力;二是感同身受的能力。分辨他人情绪指的是识别他人的喜怒哀乐,这看似不难,却并不是每个人都具备的能力,尤其对于情绪感知力弱的仙人掌型孩子而言。在分辨他人情绪时,仙人掌型孩子需要抛开他参考的自我价值体系,进入对方的世界里,揣摩对方的感受。世界上不存在两个完全相同的个体，因此即便处在完全一样的情境下，我们也不可能获得与他人一模一样的心理感受。所以，仙人掌型孩子要学会尊重他人的价值体系，切忌将自我价值体系直接套用在他人身上。

仙人掌型孩子的养育诀窍

仙人掌型孩子有自己的主见和想法，可能会与父母在选择和决定上发生冲突。父母要清楚，这不是孩子故意在跟你作对，而是孩子表现出了日益增强的自我意识和不断强化的思考力。父母所面对的挑战是，能否调整心态，通过赋予孩子自主的权利，来解决双方在观念和选择上的意见冲突。以下建议可以让父母对孩子有效赋权，顺应孩子的内在需求，提供有利于他们的发展空间。

看到背后的真实需求

父母要允许并接纳仙人掌型孩子的意见。一个孩子有主见，才可能发挥内在潜能。孩子在发展自我意识的过程中，先受到挑战的人会是父母。父母应该抓住这样难能可贵的机会，挖掘孩子行为背后潜藏的需求，比如，孩子喜欢打游戏，其实是因为在游戏中，其他人都会听他指挥，极大地满足了他想要获得认可的需求。再比如，孩子拒绝吃长辈夹的食物，其实是因为一旦吃掉这一块，妈妈会接着再夹一块给他吃。

当孩子打游戏是为了获得认可时，父母可以暂时避开打游戏这件事不谈，通过一些其他的事来满足他对认可和支持的需求。比如，让孩子独立负责一项家务事，并在孩子完成后及时给予正向反馈，告诉他父母为他感到骄傲。这样，仙人掌型孩子在面对父母时，就不会再"竖起浑身的刺"，因为他感受到自己是被理解、被认可的。

培养领导才能

仙人掌型孩子身上有领导者的特质。在他们的成长过程中，父母可以支持孩子竞选班干部，在活动中担任负责人，在玩游戏时当领队，等等。这些事都可以给孩子提供锻炼其领导力的机会，不过需要注意的是，要让孩子选择自己感兴趣的领域。

父母在这个过程中也一定不要越界。一旦越界，可能就会引起孩子的反感，甚至会激发他们叛逆的心理。写作业就是一个最好的例子，当父母一再催促仙人掌型孩子完成作业时，他会出现回避、拒绝甚至叛逆的态度。

提供自由的成长空间

仙人掌型孩子需要更多的自由空间，思考未来想要成为什么样的人，今后想要过上什么样的生活。用命令的口吻强势要求孩子服从父母的选择对他们不奏效，不如让孩子从内心自然生发出一种改变自己的新动力。仙人掌型孩子本身就有自强不息的生命力，父母在对仙人掌型孩子进行人生引导时可以参考以下几个方面：

- 和孩子一起探索生命的意义，让孩子明白自己生命的独特价值，鼓励孩子勇敢坚持自我，不屈从于社会俗流。

- 让孩子明白生命的价值是多元的，应该尊重别人的生活方式，不要将自己的想法强加在别人身上。

- 带孩子去大自然里感受和体验，提高孩子与自然和谐共处的能力。

- 让孩子学习自我放松，比如通过冥想练习，帮孩子缓解紧张情绪，聆听自己内心的感受，获得内在力量去面对压力和困扰。

- 塑造孩子的价值观，帮助孩子明确生命中最重要的人和事。

第4章

冷静内敛的含羞草

当一个孩子表现得非常安静，甚至看起来有点儿不合群的时候，父母会担心他没什么特点。其实，这类含羞草型孩子天性中的优势非常突出。

含羞草型孩子在生活中有着敏感细腻的洞察力。如果在包容的环境中成长，他们更容易获得正向的自我认知。他们善于思考，认真细致，做事专注度高，父母不必操心他们的学习。然而，他们面对失败时不愿对外界表达，容易陷入负面情绪中。他们追求平和安稳，会降低自己的存在感，避免与他人发生冲突。

发现含羞草型孩子的优势

临危不乱，沉着镇定

虽然有时候父母看着含羞草型孩子不紧不慢地做事时会着急，但这个特点可以让他们在面临问题时临危不乱，冷静地处理问题，做出正确的决定。比如，在遇到困难时，他们能做到不急躁，耐心解决；在一家人着急出门时，能提醒家人带齐出门物品；与伙伴发生矛盾时，能够控制情绪，避免矛盾升级……

这种冷静处理问题的能力非常珍贵，也是含羞草型孩子博得他人好感的优势。像是赶不上火车而到处发火，找不到东西就责备对方这样的事情很难发生在含羞草型孩子身上。

不过，含羞草型孩子虽然没有表现出夸张的情绪，比如狂喜和愤怒，但不意味着他们没有情绪波动，只不过他们的情绪是"暗流涌动"。

容易相处，善于思考

含羞草型孩子包容性强，和他们在一起总是让人感到轻松又舒服。他们乐于接受安排，也乐于接受改变。他们几乎很少发脾气，不会主动吸引他人的注意，只是安静地完成自己的事情。

在幼儿时期，含羞草型孩子能够专注地玩玩具、看绘本，也更愿意听从父母的安排。在成长过程中，他们会因为温柔的性格交到关系稳定的朋友。

善于思考也是含羞草型孩子的优势。深思熟虑能让他们获得更有深度的观点。很多哲学家都是含羞草型的代表，在思想的殿堂中遨游对于他们来说是快乐且有成就感的事情。

理解含羞草型孩子的弱势

不忍拒绝，不善争取

含羞草型孩子非常喜欢被需要的感觉，友好和善良是他们的社交优势。和含羞草型孩子做朋友非常舒服，因为他们会体谅并关注朋友。在生活中他们也非常随和。拒绝他人对于含羞草型孩子来说往往是一件不太容易的事情，因为拒绝他人可能意味着要伤害别人的感情，这对含羞草型孩子来说是一个大挑战，面对维护感情和坚持自己的感受的选择，含羞草型孩子总是选择牺牲自己的感受。

含羞草型孩子的意见很容易被忽视，因为他们看起来非常随和。但这不代表他们没有想法，他们只是不善于争取表达的机会。说"不"对他们来说是一门有难度的功课，所以他们常常会为了不拒绝对方而去做自己不喜欢的事情。

父母可以多一些耐心，引导他们遵从自己的内心做出决定，并且肯定他们的决策能力。父母还可以邀请孩子为生活中的日常小事一起做决定，多给他一些发表意见的机会，多问"你怎么看"。

在征求孩子意见的时候，父母不妨加一句"如果你不认同，你有权表示反对"，如果孩子想拒绝却没有勇气说出口，父母可以帮助孩子找一找阻碍孩子表达自己想法的原因。

在家里不妨跟孩子来一场"说不"的游戏，和孩子一起大声说出："不行！不可以！我不要！"这样的练习可以帮助孩子在需要时顺利地说出拒绝的话。

习惯退缩，不敢争取

含羞草型孩子在机会面前的退缩，不代表他们不想得到这个机会，只是因为他们对自己的能力没有信心。面对孩子"后退一步"的打算，父母需要激发他"向前一步"的勇气，并且帮助他做充分的准备。

> **家庭案例**
>
> 小鱼放学回家告诉爸爸，班里要竞选班干部。她觉得当班长挺好的，但又认为自己没有做领导的能力。爸爸问她："如果你觉得班长不适合你，那么有没有其他的职位值得一试呢？"小鱼说，虽然她想做班长，但是考虑到自己的能力，觉得做一个小组长也挺好的。接着，小鱼却担心地说，明天就要竞选了，自己还什么都没有准备，不然就算了吧。

父母的支持、鼓励和认可，可以让含羞草型孩子形成正向的自我认知。如果父母观察到孩子对事情犹豫不决，不妨"推一把"，让他尝试一次。结果并不重要，重要的是，能去尝试对于含羞草型孩子来说就已经是成功的经验了。

如果父母能帮助孩子做充分的准备，孩子会更容易体验到成就感。这样的成就感体验会加深自我认知，之后出现相似的情况就会发挥作用。父母的帮助对含羞草型孩子来说，也是学习的榜样。需要注意的是，这样的帮助要循序渐进，要在孩子做选择的过程中进行，否则就会拔苗助长。要让孩子感到"我有支持""我有信任""我有帮助"，他们才会有挑战的动力。

含羞草型孩子天性安静温和，他们很少和其他人发生碰撞，这也让他们缺少了在跟他人的互动中了解自己的机会，因此，家庭的积极教养对于含羞草型孩子来说格外重要。

含羞草型孩子的养育诀窍

接纳和认可孩子的内向属性

含羞草型孩子虽然看上去温和，但骨子里也固执倔强。他们觉得自己要尽可能想得周到，不希望别人干扰他们思考和行动的过程。

含羞草型孩子更喜欢向内探索。相比于社交，他们更能在独处中获得快乐和能量。如果父母一直鼓励他们外向一点，就像要求含羞草开出玫瑰花一样。虽然他们也可以去表现自己，但如果长期处于这样的状态，会大量消耗他们内心的能量，还会不接纳自己。

含羞草型孩子容易忽略自己的情绪，但这不代表情绪不存在，反而会持续影响他们的自我感受。父母可能会遇到这样的时刻——孩子无缘无故就哭了，问理由他又说不出来；孩子不开心时，问理由他却回答"我也不知道"……他们是真的不知道发生了什么。所以父母需要留心观察含羞草型孩子在各种情况下的表现，帮助他及时识别自己的情绪和感受。

给孩子营造安放情绪的空间

家庭中的每个成员都有自己的个性，不同个性的人想要和谐相处，就需要给彼此一些释放天性的机会和空间。而含羞草型孩子需要的是一个安静的空间。

> **家庭案例**
> 中学生螃蟹家有一个角落叫作"暂停角"。这个角落布置得非常舒适，有抱枕和螃蟹喜欢的零食，还可以看到窗外的风景。当家里有人需要控制情绪时，就可以到这个角落待一会儿，其他家庭成员都不去打扰他，直到他自己平复情绪，愿意走出来。螃蟹很喜欢这个角落，这是他的一个安全堡垒，而且当父母的情绪超出他的接受范围时，他也会建议父母在这个角落里冷静一下，再继续沟通。

对于含羞草型孩子来说，能够有一个自我恢复的空间非常重要，在这个空间里他们可以进行自我对话，而这是他们充电的方式。正如心理学中提到的"恢复壁龛"，即人们可以有一个用来自我恢复的空间，在这个空间里能暂时跳出与外界的联系，只与自己相处。

父母可以和孩子一起布置一个可以放松的角落，或设置一个独处的房间，比如书房、孩子的卧室等；还可以帮助孩子寻找一些他能随时随地开启的心理空间，比如一首诗、一本书、一项可以放松的运动等。这些方法都可以帮助含羞草型孩子的情绪得到足够的修复。对于含羞草型孩子来说，给足他们时间和空间进行自我修复，远比不停地督促他们快一点要有效得多。

"暂停角"是帮助孩子自我充电的地方，而不是逃避责任的地方。父母需要和孩子说明，平复情绪之后仍要积极面对问题。

肯定正向行为

含羞草型孩子很在意他人的评价。虽然他们不会明说，但其实格外需要父母的认可和鼓励。父母向含羞草型孩子所表达的爱和欣赏，无论孩子有没有给出反馈，他们都已经记在心里了。父母不妨多多赞美孩子，因为不管什么年龄的孩子，都很渴望得到父母的认可和爱。含羞草型孩子勤于思考，他们虽然没有表达出来，但是心里已经有了很多想法。父母在家里可以尝试和含羞草型孩子进行深度讨论，他们的思考有时候会给父母带来意想不到的启发。

关注贡献，表达感谢

含羞草型孩子乐于在集体中扮演跟随者的角色，他们的敏感性和洞察力让他们喜欢低调地帮助团队，不会为自己邀功，因此他们也容易被忽视。父母可以通过表达感谢来让含羞草型孩子看到自己的力量，了解自己的价值。来自父母的看见和认可能帮助孩子增加对自己的正向认知，促进孩子分泌多巴胺，提升内驱力，加深孩子对于成就感的记忆。

含羞草型孩子安静低调，喜欢独处，善于沉思。他们能专注地做事，并取得令人惊叹的成果。含羞草型孩子品味生活的能力很高，而且只要有适当的表达机会，他们会展现出令人惊喜的一面。父母的积极培养会让含羞草型孩子在安静中多一分自我欣赏的底色，勇敢地以自己的方式去迎接挑战、面对挫折。

第二部分

4种养育模式,
造就不同的孩子

导读

小测试 你的家庭养育模式属于哪一种?

下列测试题可以帮你判断自己的家庭养育模式,请回答"是"或"否"。

1. 当孩子达不到我对他的要求时,我会感觉非常焦虑。

2. 我很少关注孩子是不是开心。

3. 只要孩子开心,他要什么我就给他买什么。

4. 只要孩子的建议是合理的,我都会认真考虑。

5. 我很少陪孩子玩耍。

6. 我非常看重孩子是否听话。

7. 我认为当着外人的面批评孩子没什么大不了的。

8. 我支持孩子有他自己的想法和爱好。

9. 孩子在家里可以随意对我发脾气。

10. 我常常鼓励孩子，自己的事情自己做。

11. 我会想方设法地了解孩子的交友情况。

12. 即便发现孩子说谎、骗人，我也不会批评他。

在上述12道题中，第1、6、11题是在测试你的家庭养育模式是否为强势控制型；第3、9、12题是在测试你的家庭养育模式是否为溺爱放纵型；第2、5、7题是在测试你的家庭养育模式是否为忽视淡漠型；第4、8、10题是在测试你的家庭养育模式是否为权威民主型。你回答"是"的题目越多，说明你的家庭养育模式越有可能属于这种类型。一个家庭的养育模式有可能会呈现出单一的类型，也有可能会呈现出混合的类型。

发展心理学认为，人的发展包括生理发展、认知发展和社会性与人格的发展。其中，生理发展包括身高、体重、大脑等方面的发育；认知发展（主要指智力上的发展）包括注意力、记忆力以及语言能力等方面的发展；社会性与人格的发展包括对自我和他人的认知、人际关系能力等方面的发展。这3个维度的能力在个体的成长过程中缺一不可，它们共同影响着个体的发展。

孩子从出生开始，整个社会系统都会为其发展提供重要支持，不过，家庭对孩子社会化的影响要早于其他机构，是孩子早期社会化的重要场所，家庭对孩子的社会化主要有以下 3 方面的作用。

一是规范孩子的行为，控制其不合期望的冲动。二是促进个人成长，让孩子在社会交往中获得知识、技能、动机和愿望，适应所处的环境，在社会中很好地生活；三是维系社会规范，社会化良好的孩子会成长为有能力、适应社会的成年个体，他们又会把所学传给下一代。

在 20 世纪 70 年代，心理学家戴安娜·鲍姆林德（Diana Baumrind）对当时的教养方式进行了研究。

鲍姆林德选择了 60 个女孩和 74 个男孩作为研究对象，这些孩子的平均年龄是 4 岁多。被试需要同意研究者对其家庭进行家访，以便研究者详细了解家庭成员之间的互动。在研究初始阶段，鲍姆林德提出了 15 种养育模式设想。最终，她将这 15 种养育模式设想提炼为 4 种养育模式，分别为：强势控制型、溺爱放纵型、忽视淡漠型和权威民主型。在强势控制型养育模式中，父母通常对孩子要求很高，但对孩子的需求不敏感，常常关注不到孩子的需求；溺爱放纵型父母通常对孩子要求很低，但过度关注孩子的需求；在忽视淡漠型养育模式中，父母通常对孩子要求很低甚至没有要求，也不关注孩子的需求；在权威民主型养育模式中，父母能够尊重孩子的需求，并能及时给予孩子反馈，这是一种理想的养育模式。

第 5 章

退后一步,
不做强势控制型
父母

在强势控制型的养育模式中，父母很少鼓励孩子，即使鼓励，也会伴随着打压。心理学家将这种控制分为两类：一类是行为控制，另一类是心理控制。

行为控制是指父母监督和约束孩子的行为；而心理控制是指父母通过无视孩子的感受，暂时收回对孩子的关爱，以及使孩子产生羞愧、内疚等心理的手段，来控制孩子的行为。从小受到父母严格的心理控制的孩子，在青春期更容易焦虑、抑郁。当孩子遇到问题时，他们也不愿意和父母沟通或者向父母求助。他们在成长中会做出一些叛逆行为，其实是想告诉父母：我想过另一种人生。

强势控制型父母经常对孩子说这样的话："你再不听话，我就不要你了""你怎么从来不体谅大人""就知道玩，你看看你的成绩下降了多少名"。最常见的一句是"我都是为你好"。

强势控制型父母希望把孩子培养成自己理想中的样子。就像培育植物，强势控制型父母会修剪自己觉得不好的枝丫，将植物培育成一盆精美的盆栽，让他人认可和欣赏。但是，他们却忽略了孩子的内心感受。

高控制和高要求

强势控制型父母在教育孩子时，主要表现为高控制和高要求。

高控制表现为：他们经常会通过喊叫、命令、批评、威胁等方式让孩子服从，从而达到控制孩子的目的。如果孩子的想法和他们的想法有冲突，他们可能会采取暴力的手段对待孩子。当孩子反抗时，他们会强调自己的付出来让孩子内疚和自责。

高要求表现为：他们常常会忽视孩子的真实感受，很少站在孩子的角度考虑，只关注自己的感受。强势控制型父母通常会严格要求孩子执行自己的命令，他们不鼓励孩子发展自己的个性，在孩子的想法和他们的想法相悖时，他们会有挫败感，同时控制不住愤怒。

父母为什么会强势控制孩子

原因1：社会文化中要求子女顺从父母

强势控制型养育模式的形成与社会文化有关。在强调家庭利益以及家庭成员之间互相依赖的社会文化中，父母在家庭中拥有比较高的权威，子女要遵从父母的决策才能保证整个家庭的生存和发展。但随着社会的进步，当下的人际关系需要建立在相互尊重的基础上，不平等的亲子关系会造成被管束方的反抗和怨愤。

随着孩子的成长，父母其实需要让渡家庭权利，让孩子更好地承担责任。

原因 2：父母对未来不确定性的担心

耶鲁大学经济学教授法布里奇奥·齐利博蒂（Fabrizio Zilibotti）和美国西北大学经济学教授马赛厄斯·德普克（Matthias Doepke）在《爱、金钱和孩子》(Love, Money & Parenting) 一书中，从经济学角度揭示了不同父母选择不同养育模式的原因。

书中指出，影响父母育儿行为的关键因素有两个，其一是孩子未来的收入在多大程度上取决于接受的教育；其二是教育机会不平等的程度。两位经济学教授通过数据分析和个案分析对养育模式进行了探究。研究发现，在低不平等和低教育回报率的国家，父母往往更宽容；在高不平等和高教育回报率的国家，父母可能更专断。

这本书里的观点恰好能解释当代父母的焦虑：如果孩子上不了好的小学、初中、高中，他就上不了好的大学，就会有一个失败的人生。孩子想进重点大学，就要先进重点中学，而这已经不仅仅需要孩子从小学就开始努力了，起跑线甚至被画到了幼儿园。这样的焦虑背后，其实是对优质教育资源的过度争夺。

原因 3：父母内心缺乏安全感

对子女控制严格的父母，其自身往往是缺乏安全感的。缺乏安全感的人和别人相处的时候，边界感也会比较弱。

"你是我生的"成为这些父母干涉孩子"最正当"的理由。他们希望自己生育的"作品"在自己的可控范围内，所以他们会通过各种言行控制孩子。

心理学家把人与人之间的依恋模式分为 4 类：安全型、抗拒型、回避型和方向混乱型。安全型的人积极情感更多，消极情感较少，在同龄人中更具有吸引力；方向混乱型的人可能会遭遇更多的敌意和攻击，也可能会被同伴排斥；回避型和抗拒型的人更容易产生愤怒、恐惧的情绪，也不太会控制情绪，在人际交往上也容易出现问题。

心理学家认为，婴幼儿从安全型依恋模式中获得的温暖、信任和安全感能为以后的心理健康发展奠定基础。但如果父母在自身成长环境中没有形成安全型依恋模式，他们在成年后就会对亲密关系感到不信任，会通过频繁寻求他人回应来确认自己的存在感。一些父母害怕随着孩子长大，他们跟孩子之间会没有互动，对自身的存在感丧失信心让他们很容易缺乏安全感。因此，这也使得他们会通过控制孩子来获得安全感。

4 种方法，让你的强势控制刹车

方法 1：允许孩子探索和做决定

孩子在成长初期，会出现很多探索性的行为，比如对地上的蚂蚁感兴趣，对家里的电器感兴趣……父母应该在保证安全的前提下，给孩子更多自由探索、自己做主的机会，引导他们学习如何规避危险。

耶鲁大学心理系儿童研究中心的科学家多萝西·辛格（Dorothy Singer）发现，有机会独立自由玩耍的孩子、在小时候热衷于玩各种扮演游戏的孩子，在长大后，他们的社交能力、抗逆力、创造力和解决问题的能力都会比较强。这是因为在扮演游戏的过程中，他们会自己设定规则，而不是采用大人设定的规则。这会给他们的大脑发育带来更多机会，也能够让他们在其中体验到更多的快乐。

方法 2：关注孩子的学习型目标

父母要关注孩子的学习型目标，而不是表现型目标。如果孩子准备参加考试，"考进班级前十名"是表现型目标，而"了解自己的阶段性学习水平"是学习型目标；如果孩子准备参加长跑比赛，"拿冠军"是表现型目标，而"提高身体素质"是学习型目标；如果孩子要学习一门乐器，"在学校元旦晚会上露一手"或"考级"是表现型目标，而"提升音乐素养"是学习型目标。

表现型目标关注的是结果，而学习型目标关注的是能否学会新技能、理解新事物、发现解决问题的新办法。过多关注表现型目标的父母会要求孩子达到固定的目标，而不是让孩子享受成长的过程。

方法3：教会孩子说"不"的能力

如果孩子总是担心自己被拒绝、被批评，担心别人认为自己无能，担心得不到肯定，那么这个孩子的创新能力也会受到限制。事实上，孩子的这些"担心"也是被"养育"出来的。

当父母对孩子提要求时，不妨在要求前加一个"请"字，如果再加一句征求意见的话，就给了孩子一个说"不"的选择。

方法4：通过生活细节反思养育模式

绝大多数的父母养育孩子的方法都是从自己的亲身经验而来：他们小时候受到什么样的教育，将来也许就会怎么样教育自己的孩子；他们父母怎么对待他们，他们将来也许就会怎么样对待自己孩子。造就父母的养育模式的，正是过去他们所经历的他们父母教育中的种种细节。因此，父母需要从与孩子相处的细节入手，思考自己的教育方式是否妥当。

把控制说成爱，是养育中最常见的谎言之一，而孩子的成长过程，其实是父母逐渐放手的过程。

第 6 章

关爱有度，不做溺爱放纵型父母

从父母对孩子的溺爱行为表现上来看,溺爱可以分为两种类型:过度满足型和过度保护型。下面6道情境选择题,能够帮助你判断自己是不是溺爱放纵型父母。

小 测 试 你是不是溺爱放纵型父母?

1. 孩子小时候,你带他去超市,当你拒绝给他买他喜欢吃的零食时,他便开始哭闹,并躺在地上耍赖。而你拒绝他的理由是家里还有这种零食。这种情况下,你是否会妥协?

A. 会,反正也没多少钱

B. 不会,等一会儿回家他就能吃到了

2. 孩子蹒跚学步时,你看到他跟跟跄跄地向几米外的一个皮球走过去,这个时候,你会:

A. 快走几步帮他把皮球捡过来

B. 一边保护他，一边鼓励他自己去捡

3. 你在蛋糕店看中了一款糕点，买了一些回家，发现孩子特别喜欢吃，这时候，你会：

A. 全都给孩子　　　　B. 和孩子一起分享

4. 上体育课时，孩子不小心绊倒了同学，导致同学骨折住院了。你决定去医院看看那位同学，并向他的父母道歉，当你向孩子提出一起去的时候，他告诉你他不愿意。这时候，你会：

A. 自己去　　　　　　B. 鼓励孩子和自己一起去

5. 小学三年级的暑假，为了锻炼学生坚毅的品质，学校组织开展了一次徒步活动，孩子觉得太累了不想去，这时候，你会帮他向老师请假吗？

A. 会帮他请假　　　　B. 不会帮他请假

6. 如果孩子想要上一所口碑很好的中学，但他要非常努力地学习才有可能考上，此时你发现那所学校的校长是自己的大学同学，你会：

A. 马上联系大学同学，拜托他在录取的时候帮忙照顾

B. 鼓励孩子通过自己的努力追求梦想

以上 6 道题中，第 1、3、5 题测试的是过度满足型溺爱，这几道题你选择 A 越多，说明你越有骄纵孩子的倾向；第 2、4、6 题测试的是过度保护型溺爱，这几道题你选择 A 越多，说明你越有凡事都为孩子包办的倾向。

过度满足型父母会无条件满足孩子的各种要求，虽然有时候他们也觉得需要给孩子建立规则，但是一旦发生亲子冲突，他们就会退让。

过度保护型父母会为了孩子事事操心、事事包办。在养育中他们秉持的理念是"孩子还小，需要我的保护"，弦外之音是"你不行"。虽然他们有时候也想要适度放手，但是他们无法承受看到孩子遇到挫折时，自己产生的强烈焦虑。

你是否编织过真爱外衣

溺爱放纵型父母，会阻碍孩子 3 个方面的成长：一是阻碍孩子的"自我效能感"发展；二是阻碍孩子的"自我同一性"发展；三是阻碍孩子的抗逆力发展。

孩子的"自我效能感"

"自我效能感"是心理学家阿尔伯特·班杜拉（Albert Bandura）提出的，它是指人们对实现某一行为目标所需要能力的信心或信念。而这种信心或信念是在孩子一次次的体验中慢慢培养起来的。

比如，一个刚刚学会走路的孩子，想要捡几米外的皮球。或许他会摔倒，但是当他经历多次摔倒，终于成功地走过去捡起皮球的那一刻，他会知道"通过努力我可以做到"。而如果父母总是帮助孩子捡皮球，传达给孩子的信息就是"你做不到"。

如果孩子一次次体验到成功，他必然会建立起较高的"自我效能感"，坚信"我有能力达成目标"，而这种对能力的坚信，往往比能力本身更重要。倘若他一次次经历的都是父母的帮助，很少体验到通过自己努力获得成功的经历，那么他对自己的能力是不确定、没自信的，即便他本身具备这样的能力，他也会因为这种不确定、没自信而放弃尝试。

孩子的"自我同一性"

发展心理学家埃里克·埃里克森（Erik H. Erikson）认为，个体发展一共要经历 8 个阶段，每个阶段都有一个社会心理任务需要完成。青少年主要完成的社会心理任务是发展"自我同一性"，通过探索不同的选择做出决定并且付诸行动，然后履行相应的职责。青少年会开始频繁思索关于"我是谁""我要做什么""我想成为什么样的人"等问题，尝试回答并为自己做出选择，从而获得"自我同一性"。"自我同一性"的形成要求适当的选择和决策，尤其体现在当前的兴趣与将来的职业定向、性别角色等方面。如果父母无条件接受孩子的要求，总把孩子视为弱者，想方设法地为孩子安排好一切，那么孩子就不能自己做出选择。

心理学家詹姆斯·马西娅（James Marcia）研究发现，一个人要想获得成熟的"自我同一性"，就必须经历危机，做出承诺。经历危机指的是青少年面临多个可能性，从中进行探索并选择；做出承诺指的是青少年在进行探索和选择之后，为了达到目标而付出的投入与努力。马西娅将经历危机和做出承诺矩阵排列，得出表6-1中的4种同一性状态。

表 6-1　4 种同一性状态

成长状态	做出承诺	未做出承诺
经历过危机	同一性获得	同一性延缓
未经历过危机	同一性拒斥	同一性混乱

同一性混乱的孩子既没有经历过危机，不曾对自我进行过探索，也没有做出承诺，他们不知道自己想要成为什么样的人，也不会付出努力去追求梦想。他们往往是缺乏自信、低自尊、追求享乐的。

同一性拒斥的孩子没有经历过危机，不曾对自我进行过探索，但依旧对职业和信念做出了承诺，他们承诺的往往是父母为他们安排好的——是儿童期而不是青春期孩子应有的模式。这样的孩子如果视父母为权威，认可并依赖父母，那么他们往往缺乏独立性、墨守成规、拒绝挑战。如果他们不认同父母，那么他们也有可能叛逆、对立违抗和游手好闲。

同一性延缓的孩子并没有做好在危机中探索和承诺的准备。他们迷茫、不稳定、不满足，有的直到上了大学甚至是参加工作，都依旧在同一性方面感到迷茫，他们不知道自己想要什么、该做什么，而这会让他们对未来充满焦虑。他们会尝试做出各种稀奇古怪的行为，比如穿奇装异服、文身、选择不切实际的职业，等等，直到他们结束了同一性探索之后，才开始变得比较符合社会主流。

同一性获得的孩子通过各种体验和探索，解决了各种同一性危机，他们能够独立地做出决定、做出承诺并付诸努力。他们往往是自我接纳、稳定且和谐的。

从马西娅的研究中我们不难看出，那些溺爱放纵型父母，照顾孩子的一切，为孩子安排好一切，除了能缓解自己对孩子成长不确定性的焦虑外，对孩子没有任何好处。他们为孩子安排好一切的行为，其实阻碍了孩子的自我探索。他们不允许孩子有任何自我探索行为，因为他们不确定孩子在自我探索的过程中，是否会经历挫折、受到伤害，而且他们无法承受孩子经历挫折和受到伤害时自己的焦虑。他们照顾好孩子一切的行为，其实是在限制孩子为自己的探索做出承诺，长此以往，孩子会认为他根本就不需要为自己的将来做出承诺和付出努力，也依然可以生活得很好。这样的孩子长大后，就成了人们常说的"啃老族"。

孩子的抗逆力

现在很多父母会陷入这样一个挫折教育的怪圈：在孩子小时候把他宠上天，美其名曰"无条件的爱"，孩子说什么是什么，要什么给什么；等孩子长大了又强加给他一些挫折，美其名曰"挫折教育"，其实这是走了极端。无条件的爱不是父母放弃教育功能的理由，它是指无论孩子什么样，父母都会爱他、支持他、帮助他成长，而不是任由孩子成长。挫折教育也不是强加给孩子额外的挫折，而是尊重孩子在成长过程中经历并战胜挫折的机会，让孩子逐渐培养出适应社会发展的能力。

适当分离才能培养坚韧的孩子

什么是父母给予孩子的真正的爱呢？虽然说起来会有些伤感，但是帮助孩子学习从原生家庭中分离，成为能够独立生活的社会人，才是父母对孩子真正的爱的体现。孩子的一生要经历4次分离，才能够完成他的社会化进程。

第一次是在孩子刚刚出生的时候。孩子从母体分离出来，开始学习脱离和妈妈的共生。这个世界对于这个阶段的孩子来说是陌生的、危险的，孩子需要通过妈妈对他无微不至的照料，爱的眼神、温暖的怀抱，来获得他来到世间对自我的第一认知——我是一个安全的独立个体。

第二次是在孩子3岁左右，这一时期也称作第一叛逆期。这个时候孩子步入幼儿园，开始他第一次独自对社会的探索。他的世界里除了父母，开始出现老师、小伙伴，这时候他有了自己的思维和想法，学会对父母说"不"。他们开始学习独立生活、遵守规则、与人交往。

第三次是在孩子青春期的时候。这时候孩子的"自我同一性"开始慢慢形成，他们对自我、他人、社会有了自己的认识，也正因如此，他们开始叛逆，与父母有了冲突。这种冲突是痛苦的，此时的他们既依赖于父母，又不想听命于父母。同时也正是因为这种冲突，激励着他们从父母身边离开，独自求学、就业、组建自己的新家庭。

第四次是在父母离开这个世界的时候。从这一刻开始，孩子将永远地失去父母，而父母留给孩子的唯一礼物，是他们用一生帮助孩子培养起来的独立生存于世的能力。

父母与孩子的分离无法避免，所以从孩子出生的那一刻起，请父母尊重孩子成长的规律，尊重他们对于独立的追求，因为这才是他们一生都要面对的人生命题。而纵容溺爱会成为他们成长道路上最大的绊脚石。

孩子在探索、成长的过程中，必然会遇到挫折，这时孩子产生退缩行为是正常的。如果父母能够提供支持，就可以发挥安全港湾的作用，帮助孩子恢复力量，投入新一轮的探索、成长，形成一种积极的循环模式，使孩子不断获得新的力量，促进他们心理韧性的构建。

第 7 章

及时支持，不做忽视淡漠型父母

忽视淡漠型是家庭养育中的一种问题模式，包括情感忽视、教育忽视、身体忽视、安全忽视等。在当前的社会背景下，大部分父母都不会忽视孩子的教育、身体和安全。而孩子的情绪和想法，心理上的困扰、忧虑、烦躁、痛苦和失落等需要父母给予情感支持的方面，可能被一些父母忽视。

情感忽视是当前家庭中最常见、最具危害性以及隐匿性最强的养育问题。情感忽视指的是对孩子的情绪状态缺乏共鸣和反应。它会使孩子产生严重的心理和情感问题，且这些问题难以被觉察。英国精神分析学家唐纳德·温尼科特（Donald W. Winnicott）认为，养育婴儿的目标并不局限于培养婴儿健康的身体，还包括提供各种条件让婴儿获得尽可能丰富的情感体验，从长远来看，这能增加孩子的性格和人格的深度、广度与价值。

情感忽视的家庭养育方式和积极健康的家庭养育方式看上去没什么不同，那是因为这两者的巨大区别是具有延迟性和隐匿性的，并不是当下就能被轻易察觉的。

第 7 章
及时支持，不做忽视淡漠型父母

存在情感忽视的家庭

大部分情况下，在忽视淡漠型的家庭中，并不是父母不爱孩子，而是他们在不经意间忽视了孩子的某些方面，尤其是情绪、情感和精神支持方面。

小 测 试 你存在对孩子的情感忽视吗？

小峰升入初中后，父母发现他写作业拖延，考试的成绩也很不理想。小峰垂头丧气地把试卷拿到父母面前，通知他们去开家长会。父母看到成绩的一瞬间，愤怒、伤心、挫败……各种负面情绪汹涌而来。如果你是小峰的父母，面对这种情况，你会怎么说？

A. 以后咱们得在家补习，这都是为了你好啊！

B. 你怎么这么不争气呢！开家长会？你让我怎么有脸去见老师？

C. 从今天起，每天放学回来就写作业，周末也要在家里学习，下次考试成绩必须提上来。

D. 别在意，成绩什么的都无所谓，只要你开心就好。

E. 唉，你爱怎么样就怎么样吧，我是没办法了。

F. 我们工作都这么忙，你能不能让我们省点儿心？

选择 A 的父母属于"为你好"型父母。他们确实很爱孩子，为孩子着想，但是，爱孩子和能与孩子建立情感连接是不同的。父母要真正看到并理解孩子的情感需求，在情感上支持孩子。

选择 B 的父母属于自恋型父母。当孩子表现优秀时，他们觉得无上荣光，而当孩子做得不那么完美时，他们就会感到愤怒或者羞耻，觉得孩子是在故意和自己作对，让自己丢人。

选择 C 的父母属于控制型父母。他们要求孩子完全服从自己，不会征求孩子的意见或是倾听孩子的观点。孩子的顺从能让他们感受到孩子对自己的尊重。当孩子不肯无条件服从时，他们会感到愤怒、焦虑、挫败。

选择 D 的父母属于纵容型父母。他们看上去对孩子非常尊重，注重孩子的快乐，不会和孩子起冲突，但其实他们只是不愿意承担教育孩子的责任。因为他们觉得教育孩子以及跟孩子发生冲突是非常棘手的事情。

选择 E 的父母属于有心无力型父母。他们因为自顾不暇而无力给予孩子情感支持。他们本身缺乏内在能量，更别提给予孩子情感支持了。当孩子向他们表达自己的情感需求时，他们会感觉低落、无力、委屈。

选择 F 的父母属于事业型父母。他们因为生活的压力和对事业的追求造成了对孩子的情感忽视。也可能是他们在逃避，因为处理工作比应对家庭问题要容易得多。他们在家里感到无力时，就会逃到工作中。

有以上行为的父母都无法给孩子提供具有情感连接的成长环境，无法让孩子在情感体验中整合自我，确认自己的意义、价值和能力。

用一些行动改变忽视淡漠

请父母思考下列 5 个问题：

1. 你想要的生活是什么样的？ 注意，不是问你想要孩子或是伴侣如何改变。如果你觉得这样回答很困难，也可以想一想，为什么你想要的生活需要通过孩子或是伴侣的改变来实现。

2. 如果用 3 个形容词来描述你的父母、伴侣和孩子，分别会是什么呢？ 由这个问题还可以衍生出另外 2 个问题：你又会用哪 3 个形容词来描述自己呢？看着这些形容词，你是如何理解目前你与他们的关系的？

3. 你，以及你的父母、伴侣和孩子都分别有哪些爱好呢？ 思考这个问题时，还可以想一想，在你的家庭当中，谁能够真正去做自己爱好的事？为什么？

4. 最近你有没有和家人发生过不愉快？ 如果有，你和家人的感受分别是什么？你可以试着连续一周，每天都去记录自己和家人的感受，这能够帮助你更好地去学习如何关注和照料自己以及别人的情绪。

5. 当你想到自己的孩子时，会出现什么样的情绪？ 这个问题是想帮助你思考自己是否有负面情绪。如果有，你会自己去处理自己的负面情绪，还是会通过让孩子改变某些行为，来改善你的负面情绪呢？当孩子这样改变的时候，他的情绪是怎样的？

很多时候，我们会用自己最惯用的语言去跟别人交流，而这种最惯用的语言，来自我们的成长经历和应对方式。父母对孩子的忽视，也会在他们最惯用的语言中体现得淋漓尽致。

- "为你好"型父母最惯用的语言："你应该……这都是为你好！"
- 自恋型父母最惯用的语言："都怪你！""你要气死我吗？"
- 控制型父母最惯用的语言："必须……""一定……""只能……"
- 纵容型父母最惯用的语言："只要你高兴就好。"
- 有心无力型父母最惯用的语言："随便你。""你爱怎样就怎样吧。"
- 事业型父母最惯用的语言："你能不能让我省点儿心？"

当父母想对孩子说这些话的时候，先想一想，你说出这句话时孩子有可能产生的感受。当你能这样思考时，说明你在关注孩子的感受，而不是完全沉浸在自己的情绪中了。

第 8 章

尊重引导，成为权威民主型父母

权威民主型父母通常对孩子比较和蔼，他们会制订严格的规则，但同时也愿意和孩子一起讨论来修改规则；他们会对孩子表达自己的期望，但是也会对期望做出解释；他们会重视孩子的个性和想法，在制订规则的时候，也能够用孩子可以理解的方式进行说明；他们有情绪时会表现出来，但是不会用情绪影响孩子；他们会引导孩子和同伴建立良好的关系；他们还会及时响应孩子，鼓励孩子大胆质疑权威，勇敢表达自己的观点。

权威民主型父母懂得：

- 良好的亲子关系如同橡皮筋，可以在一定范围内伸展而不断裂。

- 良好的亲子关系像烤面包的模具，可以让面团保持形状，但面团顶部仍能适当膨胀。

- 良好的亲子关系像高压锅的锅盖，既能密闭蒸汽，又能释放压力。

第 8 章
尊重引导，成为权威民主型父母

在当代社会环境下，权威民主型家庭的孩子，社会能力和学业能力等方面都比其他类型家庭的孩子要强很多。权威民主型的家庭也被认为是理想家庭。这样家庭里成长的孩子，在儿童期有高水平的自尊和较强的自我控制能力，在青春期也有较高的道德意识和学业成就，人际关系也更和谐。

设立孩子的自主权边界

在给予孩子自主权这件事情上，很多父母会纠结：给孩子自由多了，他会不会不知道节制？给孩子自由少了，他会不会某些方面的发展受到限制？更多时候，父母是在抱怨："我给他自由，他通宵玩游戏怎么办？""他一直看电视怎么办？"父母需要意识到，自由一定是有边界的，孩子的自主权与责任和能力紧密联系。

给予孩子自主权，应该是由父母帮助孩子探索各种可能性，让他们自己做出决定。这样，孩子才能体验到"能胜任"的感觉。

家庭案例

六年级的牛牛在体育课的 50 米短跑测试中，发现体育委员没有参加测试，老师直接给了他 8 秒的成绩。牛牛觉得不公平，对妈妈说："我都没有达到 8 秒的好成绩，体育委员平时根本就跑不过我。"妈妈说，老师的做法确实存在问题，生活中也会有不公平的现象，母子二人围绕着这个话题认真地讨论了起来。

> 牛牛妈妈知道，她在这件事情上，需要表达自己的观点和态度。虽然和孩子的讨论，或许不会有明确的结果，但是这样的讨论能让牛牛自由思考。

帮助孩子设立自主权的边界，父母要先以身作则，因为孩子在成长中是通过观察他人的行为及其结果而学习一些复杂行为反应的。大多数情况下，他不需要亲自去验证某个行为的后果，因为当他看到周围人的行为是被鼓励还是被惩罚时，他就知道这件事情是否值得去做了。

父母也要引导孩子思考一些事情的对错，有时候不需要跟孩子讲大道理，讨论本身就会引发孩子的思考。

权威民主型的养育模式中，父母会让孩子在有限制的自由中得到发展，这个"限制"就是父母积极参与，和孩子进行积极的互动。设定自主权边界的目的是让孩子知道做任何事情都是有底线和原则的。

为何孩子越来越不听话

随着孩子年龄的增长，很多父母觉得自己越来越"管不住"孩子，有的父母会将这一切归结为孩子的叛逆；有的父母会认为是自己的教育方式有问题，往往试图通过使用一些技巧来让孩子听话。

父母具备对孩子"教养的权利"。但"教养的权利"并不是在教育孩子的过程中，粗暴地对待孩子。父母对孩子的教育有一种"天生的权威"，这种"权威"来自父母和子女之间的良好关系。"教养的权利"是亲子关系在正常运转的情况下自发产生的。缺乏教养权利的父母，可能会以父母的身份压迫孩子，可能会情绪失控地对孩子大吼大叫，也可能会以成人的体力优势压制孩子，威胁孩子，让孩子乖乖听话。事实上，如果父母具有足够的"教养的权利"，他们并不需要借助暴力，不用通过大吼大叫的方式让孩子顺从自己。很多父母会说："我可以提供给孩子很多资源。"但是，缺乏教养权利的父母提供给孩子任何资源，孩子都可能会拒绝。这种时候，父母也特别容易对孩子有怨气，内心也容易有强烈的挫败感。要想改变这种亲子关系，关键是父母要重新获得"教养的权利"。

培养亲子关系，重拾"教养的权利"

父母如何才能获得"教养的权利"呢？答案只有一个：建立良好的亲子关系。下面一些方法，能够帮助父母在生活中与孩子建立良好的亲子关系。

和孩子积极地沟通

和孩子积极地沟通、平等地讨论，不仅能让孩子感到被尊重，还能教会孩子独立做出正确的决定。

比如，孩子每天都要买蛋糕吃，那么第一步，可以向孩子提议设立一个"蛋糕日"；第二步，可以征求孩子的同意；第三步，可以和孩子商量定下"蛋糕日"的具体日期。虽然这只是生活中的一件小事，但是当一个孩子从小就成长在这样一个被尊重、被倾听的环境中，他便能逐渐学会主动协商和解决问题。

和孩子有适当的身体接触

肢体触摸，尤其是拥抱，有助于减少压力、增强免疫力、预防疾病。拥抱还可以满足"肌肤渴望"，是一种无言的交流。20世纪最有影响力的心理治疗师之一弗吉尼亚·萨提亚（Virginia Satir）提出过"4个拥抱"理论，她发现，人们每天需要"4个拥抱"才能生存，需要"8个拥抱"才能维持健康，需要"12个拥抱"才能促进成长。

父母在孩子难过的时候给他一个拥抱，开心的时候跟他击个掌，紧张的时候给他加油，都可以让他的大脑分泌积极的化学物质，从而让身体产生积极的反应。父母还可以在固定的时间和孩子一起运动，这样也会有助于建立良好的亲子关系。

和孩子一起感知生活中的美好

父母留心孩子生活中一点一滴的变化，鼓励孩子发现生活中的美好，亲子之间也会增加很多感动的瞬间。

第 8 章
尊重引导，成为权威民主型父母

> **家庭案例**
>
> 有一天，小美情绪低落地回到家里，妈妈看出孩子心情不太好，便和往常一样给孩子做饭、削水果，邀请她一起散步。在散步回家的路上，小美对妈妈说，跟她很谈得来的一个男生要转学到外地了。妈妈也说起曾经在少女时期的青涩情感，大家虽然因为升学各奔东西，但仍然可以做好朋友。妈妈把小美当成朋友平等地交流。一段时间过后，孩子也从这件事情中慢慢走了出来。

在对待孩子青春期的情感问题方面，小美妈妈没有说教，也没有指责孩子的情绪，她懂得通过分享自己的故事，引导孩子正确处理青春期的情感，与孩子建立了共鸣。

和孩子讨论一些生活中的风险和挑战

父母不用担心和孩子讨论一些负面话题，会让孩子因此去模仿或者受到负面的影响。其实这反而会让孩子站在一个更高的视角去看待身边的这些问题。

对于孩子在成长中听到、看到的一些负面事件，父母可以和孩子正常讨论，通过讨论也可以了解孩子的观点。比如，他怎么看待某个社会事件；他能不能感受到当事人行为背后有着什么样的情绪；他怎么理解这样的情绪。父母甚至还可以进一步和孩子讨论：孩子自己有没有类似的消极情绪；孩子在什么时候容易有这样的情绪；孩子有情绪时是怎么处理的；情绪是如何消退的；有这样的情绪时，孩子希望得到父母怎样的支持。经过讨论,当孩子自己遇到类似的困扰时,他就会知道正确的处理方式。

父母养育孩子的方法有万千种。最重要的在于父母能够真正把孩子当作独立的个体,尊重并理解他。在一个温暖且充满支持的环境中,孩子才会成长为一个自信乐观、积极向上的人。

第三部分

构建积极家庭的两大系统

导读

小测试 你的婚姻关系怎么样?

  这是一份帮助父母了解自己目前婚姻状况和婚姻满意度的"亲密关系检测表",从夫妻交流、化解冲突、情感与性、家庭角色、生活支持等方面,检测婚姻中可能存在的以及可能需要解决的问题。请你仔细阅读每道题,判断题中所描述的情况与你实际情况的符合程度,在做题时不要征求他人的意见,只有独立完成才能测出你的真实情况。

1. 和伴侣分享我的感受和想法时,我感到很舒畅。
 A. 完全不符合 B. 不太符合 C. 一般符合
 D. 比较符合 E. 非常符合

2. 我和伴侣总会努力寻找解决矛盾的最佳方法。
 A. 完全不符合 B. 不太符合 C. 一般符合
 D. 比较符合 E. 非常符合

3. 我和伴侣会尝试用一些新方法增进亲密关系。

A. 完全不符合　　B. 不太符合　　C. 一般符合

D. 比较符合　　E. 非常符合

4. 我非常满意我和伴侣各自在婚姻中承担的责任。

A. 完全不符合　　B. 不太符合　　C. 一般符合

D. 比较符合　　E. 非常符合

5. 我经常会和伴侣探讨我的问题和担忧。

A. 完全不符合　　B. 不太符合　　C. 一般符合

D. 比较符合　　E. 非常符合

选项计分：A 选项计 1 分，B 选项计 2 分，C 选项计 3 分，D 选项计 4 分，E 选项计 5 分。

5～9 分：亲密关系有待提升；

10～14 分：亲密关系一般；

15～19 分：亲密关系较好；

20～25 分：亲密关系非常好。

小 测 试 **你的亲子关系如何?**

请父母仔细阅读每道题,判断每道题所描述的情况与你实际情况的符合程度。

1. 不管我的工作或生活有多忙,每天我都会留一些时间给孩子。
A. 完全不符合　　B. 不太符合　　C. 一般符合
D. 比较符合　　　E. 非常符合

2. 和孩子对话时,我很少使用"你应该……""你最好……否则……""你再不……我就……"的语气和孩子交谈。
A. 完全不符合　　B. 不太符合　　C. 一般符合
D. 比较符合　　　E. 非常符合

3. 我经常和孩子有亲密的接触(如摸头、拍肩、击掌、相互拥抱)。
A. 完全不符合　　B. 不太符合　　C. 一般符合
D. 比较符合　　　E. 非常符合

4. 孩子愿意主动告诉我发生的一些事情和内心感受。

A. 完全不符合　　B. 不太符合　　C. 一般符合

D. 比较符合　　E. 非常符合

5. 我和孩子的互动让我感到作为父母是有成就感的。

A. 完全不符合　　B. 不太符合　　C. 一般符合

D. 比较符合　　E. 非常符合

选项计分：A选项计1分，B选项计2分，C选项计3分，D选项计4分，E选项计5分。

5～9分：亲子关系有待提升；

10～14分：亲子关系一般；

15～19分：亲子关系较好；

20～25分：亲子关系非常好。

社会学家塔尔科特·帕森斯（Talcott Parsons）指出，父母会对孩子产生影响，孩子也会影响父母的行为和教养方式。同时，家庭作为系统还受到社会和文化因素的影响。家庭成员的行为模式并非仅仅是个人的性格特征造成的，家庭关系、社会文化等都会对其有一定的影响。亲密关系系统和亲子关系系统是整个家庭系统中最重要的两大子系统，亲密关系系统的构建在先，其后才是亲子关系系统。

为什么我们需要亲密关系？从人类的进化角度来说，人本能地会想要逃避孤单，需要与其他人建立关系；从情感上来说，这是我们的归属需求，被别人认可和喜欢能唤起我们内心的幸福感；从心理上来说，被别人认可和喜欢，能够提升我们的自信心。

父母的亲密关系会影响孩子未来的朋友关系、情侣关系和夫妻关系。父母的婚姻会成为孩子与异性相处的模板，影响孩子未来的婚姻质量。有研究者评估了 200 多对新婚夫妻处理家庭冲突的方式和他们原生家庭之间的关系。他们发现，当夫妻双方都来自有问题的原生家庭时，他们解决问题的方式都比较消极，在婚姻关系中也会倾向于采取消极的冲突处理方式。这些消极的行为往往会导致夫妻双方的关系质量下降。而如果夫妻双方中有一方具有更积极的解决问题的能力，那他们就会通过更积极的方法来处理冲突，比如妥协和谈判，从而使关系缓和。

需要特别强调的是，在一个家庭中，父母不能因为爱孩子而忽视伴侣。父母相亲相爱的互动模式最能够给孩子带来安全感。

家庭的支持是孩子在成长中获得的最直接的支持。亲密和谐的亲子关系对孩子的发展有积极的促进作用。建立良好的亲子依恋关系不仅能够促进孩子情感能力的发展，而且能帮助孩子更好地了解周围的世界，促进孩子的智力发展。

父母作为成年人，在情绪和认知等方面相对孩子更加成熟，应该在构建良好的亲子关系中发挥主动作用。比如，孩子到青春期时，身心会迅速发生改变，容易与父母发生矛盾冲突。这是因为，虽然青春期的孩子已经发展出一定的独立性，但是他们还是需要成年人的帮助和保护。所以父母要积极主动地与孩子建立和谐的亲子关系，允许孩子探索新想法，和孩子之间有积极的互动，对孩子未来的发展都会有很大的帮助。

打造积极的家庭系统，就需要父母在养育中先回顾和思考以下问题：

- 我的父母是什么样的人？

- 他们如何表达感情？

- 他们如何对待我？

- 他们的哪些行为有利于我的成长？

- 他们的哪些行为可能阻碍了我的成长？

- 我的孩子是什么样的人？

- 我的伴侣是什么样的人？

- 我和伴侣是如何向孩子表达情感的？

- 我和伴侣的哪些行为有利于孩子成长，哪些行为可能阻碍孩子成长？

对这些问题的反思，将会让我们知道如何更好地做父母。

第 9 章

积极亲密系统：分步骤层层加固

在家庭中，父母亲密关系的波动影响着整个家庭的关系。相爱的父母能给孩子创造安全轻松的环境，是孩子情绪稳定的基石，也是孩子更积极应对人际关系的能量之源。父母亲密关系中如果有很多没有解决的问题和矛盾，往往就会让孩子感到情绪压抑，甚至不愿与他人建立良好的关系。

自我成长，彼此成就

积极的亲密关系是孩子成长的沃土

社会人口学家陈平和凯瑟琳·马伦·哈里斯（Kathleen Mullan Harris）博士对青春期亲密的家庭关系是否能继续保护年轻人成年后的心理健康进行了研究。研究表明，亲密的家庭关系对个体的整个青春期到中年期的心理健康发展都有积极影响。四川大学心理科研团队也研究发现，学生的情绪问题、品行问题与家庭环境密切相关。

第 9 章
积极亲密系统：分步骤层层加固

积极的亲密关系是自我成长的助推剂

积极的亲密关系有助于夫妻双方重构依恋模式。我们在原生家庭中习得的依恋模式，更容易在亲密关系中呈现出来。小时候我们面对权威的父母，不容易发现、更不容易改变依恋模式。但是成年后，我们面对冲突或者问题时有自己的思考和发现。所以在亲密关系中发生冲突时，我们就容易发现过往的依恋模式，看见旧有的模式时，就是改变的开始。

积极的亲密关系是家庭稳定的奠基石

积极的亲密关系是家庭关系的核心。父母关系稳定，亲子关系就稳定。但很多父母往往把亲子关系放在核心位置，不管和伴侣的关系如何。这样一来，孩子就被迫面临选择是和爸爸还是和妈妈一个阵营，这样父母就像天平的两端，无论孩子选择哪一端，天平都会倾斜，家庭也会不稳定。

而积极的亲密关系能给孩子增加正面情感体验。在和谐亲密的家庭关系中，家庭成员彼此关注，一起分享快乐，互相支持，这些都会让孩子感受到家带来的温暖、关爱、尊重和信任，从而为孩子提供正面的情感支持。

重构亲密关系系统

培养积极的亲密关系，要先以"我"为中心找到与伴侣相处的平衡点，在葆有自己界限的同时维持与对方的亲密。进而，以"我们"为中心发展亲密关系，在关系中求同存异，滋养彼此，给孩子建立一个良好有爱的家庭环境。最后以家庭为中心，一起携手，彼此成就。

以"我"为中心，建立边界

培养积极的亲密关系，关键是夫妻双方拥有健康独立的人格，明确自我边界。有些人一旦进入亲密关系就完全依附对方，听从对方，从而失去自我。有些人是在亲密关系中控制对方——衣食住行，穿衣打扮，和什么人交朋友，做什么工作都要为对方决定，完全没有边界。在亲密关系的初期，我们很难觉察到自我边界的存在，尤其是有了孩子之后就更是忘记了自我，凡事都以孩子为主。殊不知，活出自己的样子才是给孩子最好的榜样。

以"我们"为中心，求同存异

在亲密关系中的大多数争吵都是由于对方和自己的不同——生活习惯不同，娱乐方式不同，教育观念不同，性格不同，甚至三观不同。我们每时每刻都想要强调"我"的概念，希望对方能够跟自己一样，但培养关系是一个合作的过程。我们都想向对方证明自己是对的，但在亲密关系中，关系往往要比对错重要。在孩子面前非要证明自己是对的，伴侣是错的，其实是在暴露对方的弱点，让伴侣失去在孩子心中的威信。

第 9 章
积极亲密系统：分步骤层层加固

> **家庭案例**
>
> 小林的丈夫从部队转业回家后，夫妻俩日常接触的时间陡然增多，夫妻之间的矛盾也与日俱增。两个人吵架最大的原因竟然是孩子对房间卫生的打扫。小林的丈夫要求孩子每天把房间打扫得一尘不染，否则就对孩子大吼。小林劝他，孩子刚上小学，应该逐步培养生活习惯，可丈夫听不进去。
>
> 于是，小林与丈夫进行了一次深入的谈话。小林先表明态度，家和部队不一样，不能用部队的纪律要求家人。小林的丈夫愤怒地问为什么不能一样，他父亲也曾是这样要求他的，所有东西用完必须归位，穿过的衣服要叠得整整齐齐，他没达到父亲的标准还会被体罚。当兵之后，部队的生活也是常年如此，他已经将这些要求视为理所当然。
>
> 通过了解丈夫的成长环境，小林知道了他严格要求孩子的原因。小林提醒丈夫，他是在重复当年他父亲的做法。小林允许丈夫按照自己的想法收拾家，但丈夫不能对小林和孩子的劳动成果指手画脚。他们还在客厅设置了一个自由空间，让孩子放置自己喜欢的书和玩具。经过这样的安排，家里的气氛好多了。

当意识到伴侣和自己出生在不同的家庭，有着不同的性格与后天经历时，"我"就开始走向"我们"了。允许伴侣和自己有所不同，是对伴侣的基本尊重。

以家庭为中心，彼此成就

如果把亲密关系中应对冲突和矛盾时的消耗称之为取钱，那一个家庭最重要的就是要建立"家庭关系银行"。当"家庭关系银行"足够应对冲突和矛盾时，亲密关系才足够稳定，亲子关系才会得以健康发展。以下两个小方法可以让你在家庭生活中积累"家庭关系银行"的资金。

方法 1：重视"微光时刻"

增加"家庭关系银行"资金的最好的方法是相互欣赏。你可以在家中专门留一面墙用来表达欣赏。在亲密关系中一定有很多时刻是让你心头一暖的，你可以将它们写在便利贴上，贴在墙上，随时表达出你对伴侣和孩子的欣赏。在这样的氛围中，家里的每个人都会有积极的情感体验。

"老公，你今天做的饭真好吃！""我顺利解决了一项棘手的工作，没耽误下班享受家庭时光，真好！""恭喜宝贝又学会了一首好听的歌曲！"这类的赞美和认同就是生活中的"微光时刻"，这些"微光时刻"汇聚在一起就是耀眼的星河。

方法 2：适当"肢体接触"

积极的肢体接触不仅对身体健康有益，更是促进亲密关系的良药。

牵手、拥抱、亲吻，这些肢体接触都会促进感情的发展。但更重要的是要遵循对方的情感意愿，才能真正为关系加分。伴侣之间建立专属的小动作也是为"家庭关系银行"存钱的重要做法，可以是摸摸头、拥抱、搂腰、牵手……这些小动作能增加感情浓度和感情辨识度，让伴侣之间的关系更独特。

当然，积极的亲密关系除了需要建立自我边界，认识对方的不同，在家庭中彼此成就之外，还需要我们学会自我成长。如果一个人不会游泳，换一个游泳池也还是不会，良好的关系来自我们不断地探索自我，做出改变。

第10章

积极亲子系统：随孩子成长动态运行

亲子关系是人一生中最早接触到的关系，在孩子呱呱落地的时候，父母最大的希望就是孩子平安健康。但是随着孩子长大，亲子关系从无条件地爱转换为关注学习成绩，而只关注成绩、不表达爱必定带来亲子之间的矛盾。

3个重要阶段的亲子关系密码

在孩子迈向成年的路上，不只是孩子在成长，父母也要跟着孩子一起成长，不断调整彼此之间的关系。接下来，让我们一起来了解培养积极的亲子关系的3个重要阶段，帮助父母学会用积极的关系为孩子铺设一条健康成长之路。

阶段1：婴幼儿及学龄前期（0～5岁）：积极回应

对于刚出生的宝宝，父母就是他的全世界。婴幼儿及学龄前期亲子关系的关键是父母给予孩子足够的关注和照顾，接纳孩子的尝试，帮助孩子发展出稳定的情绪，建立起对外界的信任。孩子出生后的一年里是建立他对于看护人信任的阶段，如果父母对于孩子的需求不敏感，或者时而满足时而置之不理，那孩子就无法与外界建立起良好的依恋关系。

在回应中确认爱

婴幼儿及学龄前期亲子关系的核心是父母积极地回应，让孩子建立起对父母的信任，有信心探索更大的世界。这个阶段的孩子需要在反复确认中才能知道只要他需要，父母就会来帮助他。因此，父母大可不必担心在这个阶段对孩子过多关注会"溺爱"孩子，相反，没有得到稳定而持续的爱的孩子会容易陷入焦虑，一旦和母亲分离就会出现焦躁不安的表现，这种影响甚至会持续到成年期。研究发现，1岁前就与父母分离的孩子在青春期会表现出更多的焦虑感，而这个阶段在爱中长大的孩子，在青春期时能够更好地处理困境。

给孩子彩色的童年底色

婴幼儿及学龄前期亲子关系最重要的是父母给予孩子足够的爱和接纳。亲子关系是孩子与世界连接的桥梁，孩子可以通过与父母的相处学习如何与他人相处。积极的亲子关系就像一副彩色的眼镜，可以帮助孩子建立正向的自我认知，遇到任何困难都不会轻易怀疑自己的能力；而消极的亲子关系就像一副墨镜，让孩子对于自己和世界的解读都蒙上一层灰色。

婴幼儿及学龄前期的关系密码

密码1：回应。 心理学研究发现，在孩子刚出生的3个月内，常常得到回应，1岁之后哭闹更少，更会表达自己的需求。父母的回应需要及时，而且多样，比如在孩子哭泣的时候走过去和他说说话，抚摸他，这些行为都会让孩子感觉自己被回应了，父母是值得信任的。只要父母的回应是积极的，偶尔没有及时回应也没有太大影响。

密码2：主动。 父母的回应不但要及时，还要主动。要想与这个阶段的孩子建立良好的互动关系，可以采取的主要方法就是给孩子充满爱的拥抱。当父母觉得孩子黏人的时候，可能正是他经历分离焦虑的时刻。孩子在6个月至2岁期间，是出现分离焦虑的高峰期。有些父母为了培养孩子的独立性，就推开黏人的孩子，反而会让孩子感觉自己被拒绝了，认为父母不爱自己了，更加想要证明父母是爱自己的，这样他就会加倍地证明自己的存在。当父母经历这种情况时，可以主动陪伴孩子。比如，孩子看几页图画书，父母就给孩子一个拥抱；父母定时去拥抱孩子，每次闹钟一响，就给孩子一个拥抱。用这样的方式，让孩子看到父母是可以信赖的，父母的爱是持续且稳定的，这样孩子才会放心地去探索自己的世界。

阶段2：学龄初期（6～11岁）：积极期待

孩子走进校园是不少亲子关系发生改变的分水岭。伴随着学业压力的增加，父母对孩子的担忧渐渐大过了期待，家庭中火药味不断变浓。这个

第 10 章
积极亲子系统：随孩子成长动态运行

阶段是矛盾的高发期，也是调整和改变的最好时期。步入小学的孩子大胆又精力充沛，对学习和未来充满了期待和热情，也愿意配合父母的要求。这个阶段的亲子关系的核心是用期待的眼光看待孩子的每一次尝试，不随意给孩子贴标签。这个年龄阶段的孩子刚开始描绘人生的蓝图，父母的期待会鼓励他们发展好奇心和探索力，在这个过程中他们会找到自己的优势和喜好。

用期待让孩子找到学习兴趣

当孩子正式进入学校学习后，伴随着学业的要求，父母的关注点很容易集中到孩子的成绩上，即"不写作业母慈子孝，一写作业鸡飞狗跳"。这个阶段的核心任务是培养孩子对于学习的兴趣，如果孩子能够在这个阶段认识到学习是成长中快乐的事情，即便孩子学习成绩暂时不够拔尖，在未来也会获得持续提升。

用期待让孩子看见自己的潜能

心理学家罗伯特·罗森塔尔（Robert Rosenthal）带着专业团队到一所小学，让孩子们做了一套名为"未来发展能力"的测试。测试后罗森塔尔随机抽取了 18 份测试结果，告诉学校的老师，做这 18 份测试的孩子天资聪颖，潜能无限。8 个月后，当团队再次回到这所学校时，奇迹发生了，这些随机选取的孩子无一例外地成为学校的佼佼者。老师对于优秀学生的期待通过各种各样的方式传达给这 18 个孩子，即便有些孩子表现出能力不足，老师也认为是孩子还没有充分发挥自己的能力。这种期待和相信的力量是巨大的，让这些"被选中"的孩子也坚信自己可以做到优秀。这种现象被称作"罗森塔尔效应"。

在小学，老师面对一个动辄50人以上的班集体，很难对每一个孩子都给予足够多的关注。但是在家里，父母可以成为孩子的"罗森塔尔"，做那个相信他有无限潜能的人。需要注意的是，怀疑和期待一样有力量，父母需要选择在家庭中让哪种力量发挥主导作用。

期待不等于束手旁观

对于学龄初期的孩子，父母仅有正向期待是远远不够的。学习相对是一件枯燥和辛苦的事情，所以在刚开始学习的过程中，孩子缺乏自制力，不能主动沉浸在学习中，不想写作业是再正常不过的。

> **家庭案例**
>
> 白茶要上4年级了，爸爸送给他一部智能手机。一个暑假的时间，手机就变成了白茶吃饭、上厕所都不离手的东西。马上要开学了，白茶向爸爸保证，开学后每天只玩一个小时手机。爸爸知道白茶的计划不太现实，于是和他共同制订了一个手机使用规则。规则并不只是针对白茶，而是要全家人共同履行，比如，睡觉前不玩手机，吃饭时不玩手机，等等。

在积极的亲子关系中，父母可以和孩子共同执行一些规定，带动孩子走到正轨上，让孩子养成良好的习惯，然后用期待的目光注视他前行。

第 10 章
积极亲子系统：随孩子成长动态运行

学龄初期的关系密码

密码 1：欣赏。父母可以通过不经意的语言和肢体动作表达对孩子的欣赏。比如，父母可以当着孩子的面对别人说："我的孩子每天回家都能先完成作业再玩，我真的很为他骄傲！"看到孩子正在写作业或者阅读时，可以点点头表达欣赏："好认真呀！"不要忽视这些小动作和简单的话语，或认为孩子可能听不到这些话。父母要养成对孩子欣赏的习惯，在父母习惯性的欣赏中，孩子会建立自信。

密码 2：鼓励。改正一个坏习惯最好的方法是养成一个好习惯。父母可以通过及时鼓励帮助孩子形成正向行为。比如，在孩子作业书写工整、自己整理房间、计算错误减少时，父母都可以及时地肯定他，帮助他强化正向行为。

密码 3：帮助。孩子犯错是不可避免的，如果父母能够用积极的心态看待错误，那所犯的错误就会成为孩子成长和改进的机会。如果孩子犯错后只是受到惩罚，那他就只会学习如何逃避惩罚，而不是如何避免错误。父母可以在孩子犯错的时候询问"我可以怎样帮助你呢"，帮助孩子复盘以避免再次出现同样的问题，并让孩子知道无论什么时候父母都是他最强大的后盾。

密码 4：榜样。父母要能够以身作则，用榜样的力量带动孩子改变。孩子也许不会记得父母说了什么，但是他一定会看到父母做了什么。

阶段 3：青春期（12～18 岁）：积极信任

青春期的孩子迅速成长的不仅有身高，还有内在的自我意识。这个阶段的孩子有两个重要的成长任务：一个是了解自己，清楚自己是谁，接受别人眼中的自己，也就是达成"自我同一性"；另一个就是离开父母的保护，开始独立决策。这个阶段的孩子开始对父母"去理想化"。父母会发现自己说话不管用了，孩子遇到心事可能第一时间会和朋友说，更多时间会和朋友而不是家人一起度过，父母也需要调整自己去适应这样的落差和转变。

与此同时，这个阶段也是孩子整个学业生涯中压力最大的时候，因为面临着重要的考试，父母和孩子都会不可避免地产生焦虑心态。积极的亲子关系在这个阶段尤为重要，看似叛逆的青少年其实格外需要父母的支持和信任。

父母扶着车把，孩子永远学不会骑车

有时候，父母会忘记成长其实是孩子自己的事。就像孩子学骑车一样，父母会因为怕孩子摔倒而一直扶着车把，虽然这样孩子不会摔倒了，但孩子也永远学不会骑车。

在这个阶段的亲子关系中，孩子仍然是属于弱势的一方，因为父母掌握着孩子的资源，无论是在衣食住行上，还是在被爱的需求上，孩子都要依赖父母，这让孩子的选择权都流于形式。比如，父母会问孩子想吃什

么，但当孩子回答了想吃的食物时，父母有时会表示不认同，并试图左右孩子的选择。父母可能觉得自己这样做既给了孩子自由，也考虑了孩子的身体健康。然而，父母并没有关心孩子的感受，所谓给孩子做选择的权利也是虚假的。面对放权，父母会担心没有了管教，孩子就会耽于玩乐，停止成长。其实孩子成长的力量是与生俱来的，父母使用管教的方式只会把孩子推向反方向。

放手拉近距离

当父母控制孩子时，孩子会非常想要挣脱；而当父母弱化控制，把选择权留给孩子时，孩子反而更愿意向父母靠拢。比如，当孩子正准备关电视时，父母会催促说："都几点了，赶紧把电视关了！"当孩子正准备写作业时，父母会说："还不写作业吗？别磨蹭了！"孩子有时明明打算做和父母期待相同的事情，听到这样的话，做起来就没有那么愉快了。在亲子关系中，如果希望孩子向期待的方向发展，就需要给孩子一些信任，帮助孩子培养自律性，培养责任感，而不是像监视器一样时刻盯着孩子。

和青少年一起体验青春

青春期的烦恼与快乐像一盒彩虹糖，有甜也有酸。父母总是不知道哪一句话惹恼了孩子，孩子一句"你不懂"就关上了交流的大门。有时候，父母出于善意跟孩子交流，但是话说出去就变了味道，导致在交流中频频受挫。这其中的重要原因是，父母和孩子都只站在各自的角度说话，孩子在父母的眼中看不到未来，父母忽视了孩子经历的现在。

青春期是孩子的第二个快速发育期（第一个快速发育期是刚出生的时候），负责产生、识别和调节情绪的杏仁核已经发育成熟，而负责理性思考的前额叶要等到成年才能发育成熟。感性大于理智，是青春期孩子的特点，也是父母觉得跟青春期孩子交流困难的原因。

每个人都经历过青春期，父母不妨回想自己青春懵懂的岁月，和孩子分享自己成长的心路历程，一方面，让孩子感受到他面临的问题，父母也一样遇到过；另一方面，让孩子知道父母能够理解和支持他，他不是一个人面对问题。

允许不一样的选择

有的父母在心中会有一个理想中的孩子，也会忍不住让孩子按照自己心目中的样子成长。但是，父母需要记得孩子的人生是他自己的，能够说了算的人也应该是孩子自己，而父母也不能保证自己的选择就是最正确的，孩子可能有超越父母认知的视野。在青春期的孩子需要独立探索未来将要前行的方向。父母应该允许孩子有他自己的选择，并不是不过问孩子，不提建议，而是和孩子坦率地说出自己的想法，分享自己的担忧，一起想最佳的解决方案。

青春期的关系密码

密码1：沟通。在养育青春期的孩子时，父母会遇到两类敏感话题：一类是父母难以开口和孩子沟通的话题，比如死亡和性；另一类是孩子不太愿意和父母沟通，或者是容易引起争论的话题，比如学业压力。父母需要寻找一些合适的时机，比如在亲子双方心情都不错的时候，尤其是孩子状态比较轻松的时候，来讨论一些比较严肃、需要思考的话题。再比如遇到一些明星的热搜话题、影视剧中的争议性话题等，都可以和孩子顺势展开讨论，输出关键的价值观，比如要自爱、要有责任感等，同时也可以听到孩子的想法。这样孩子在以后面对这些问题时，就能有充足的准备去应对。

密码 2：示弱。父母总想为孩子提供力所能及的最好的条件，甚至在孩子表达需求前就主动提供帮助。如果父母一直把青春期的孩子当作婴儿来照顾，会导致两种结果：一是孩子习惯有"保姆"照顾的生活，放弃自我成长；二是孩子不满于这种照顾，引发冲突对抗。为了避免这些情况发生，父母可以向孩子寻求帮助，让孩子在感受到信任的同时培养他的责任感。

家庭中的家务活、简单的采购，都是孩子帮助父母的机会，孩子通过做这些事情会觉得自己很重要，是值得信任和依赖的人。如果父母直接命令孩子干活，彼此之间的地位就会产生高低之分，而邀请孩子帮忙则会拉近彼此的距离。父母适当示弱可以给孩子展示自己能力的机会，父母认真听孩子的建议，家里就会多一个得力的小帮手。

密码 3：放手。人生不是非此即彼的选择题，而是无数排列组合带来的精彩体验。为了让孩子在未来每一个十字路口做出明智选择，就要尽可能地让孩子体验真实的世界。青春期的孩子除了学习的压力之外，也面临着生理变化、人际关系等难题，学会处理这些问题，对于成年后的他们来说，比做一张数学试卷更为重要。不要只因为学业压力就停止孩子学习之外的活动，相反，父母需要创造机会让孩子有丰富的体验，比如职业体验、人生探索、社会实践等，在孩子青春期，父母仍然是他看向世界的窗户，有父母陪伴的探索对于孩子来说是安全的，也是更有预见性的。

如何从"亲子危机"转场到"积极关系"

如果父母能在孩子的每个成长阶段都做好相应的准备，和孩子一起成长，当然是最理想的，但父母也不需要耿耿于怀上一个阶段没有做好。完美的父母和完美的孩子一样都很难在现实世界中遇到，积极的亲子关系永远敢于直面问题，虽然也会有矛盾和冲突，但在任何时候都不应放弃对彼此的信任与支持。在孩子真正独立、离开父母之前，都有方法让亲子关系在积极的轨道中运行。

回归关系本身

当孩子不愿意听父母的建议，甚至表现出敌对态度时，很有可能是亲子关系本身出现了问题，而不是父母给的方法和建议不合理。对于父母和孩子来说，关系是不断变化的，而这个过程中亲子关系永远大于养育技巧，当家庭中出现矛盾的时候，回到关系本身就是最好的解决方法。

第 10 章
积极亲子系统：随孩子成长动态运行

迈出第一步

当一家人在外面遇到问题时，一般都会由成年人出面解决，不会让孩子代表全家处理问题。在家庭关系中也是一样，遇到矛盾和困难的时候，父母要率先做出改变，主动和孩子缓解关系，向孩子表达自己的爱，为自己过往做出不合理的事情道歉，和孩子共同协商目前面临的问题。孩子看到父母做出的努力，才会慢慢向父母靠拢。这样的改变需要时间，矛盾积压越久，修复时间就越长，父母也就需要更多的耐心坚持积极行为。

寻求外援

在亲子关系难以修复时，寻找外援也是一个好方法。帮助孩子找到第三方支援，比如孩子崇拜的榜样、欣赏的人，来支持孩子的成长，也会有意想不到的效果。

孩子的成长之路也是父母角色的成长之路，积极教育的目的是用更人性化、符合心理发展规律的方式引导孩子探索自己的人生。如果父母能够积极地陪伴孩子成长，那么这段路程会是亲子相互支持的过程，父母在这个过程中看到积极天性的力量，孩子收获积极的童年，以在未来的旅途中乘风破浪，在进入社会后能够用童年收获的积极力量点亮更多的人。

第四部分

培养积极家庭的6种特质

导读

小测试 你的家庭是积极家庭吗?

积极家庭的特质体现在"积极氛围""积极情绪""积极关系""积极沟通""积极对话""积极参与"6个方面。这些美好的家庭特质,潜藏在每个家庭中。以下测试可以帮助你评估自己的家庭具有几项积极家庭的特质。

1. 我很喜欢待在家里。
 A. 完全不符合　　　B. 不太符合　　　C. 一般符合
 D. 比较符合　　　　E. 非常符合

2. 我家庭的氛围是自由温馨的。
 A. 完全不符合　　　B. 不太符合　　　C. 一般符合
 D. 比较符合　　　　E. 非常符合

3. 能生活在这个家庭,我觉得自己非常幸运。
 A. 完全不符合　　　B. 不太符合　　　C. 一般符合
 D. 比较符合　　　　E. 非常符合

4. 我的家庭关系越来越好。
   A. 完全不符合   B. 不太符合   C. 一般符合
   D. 比较符合   E. 非常符合

5. 我经常和家人沟通学习/工作上的进展。
   A. 完全不符合   B. 不太符合   C. 一般符合
   D. 比较符合   E. 非常符合

6. 遇到问题，我会和家人共同商讨解决方案。
   A. 完全不符合   B. 不太符合   C. 一般符合
   D. 比较符合   E. 非常符合

7. 在家里我可以合理地表达各种情绪。
   A. 完全不符合   B. 不太符合   C. 一般符合
   D. 比较符合   E. 非常符合

8. 我会及时发现家人情绪的变化。
   A. 完全不符合   B. 不太符合   C. 一般符合
   D. 比较符合   E. 非常符合

9. 我很擅长发现每位家庭成员身上的闪光点，并及时告诉他。
   A. 完全不符合   B. 不太符合   C. 一般符合
   D. 比较符合   E. 非常符合

10.在发生家庭矛盾的时候,家庭成员想说的话都可以表达出来。

A. 完全不符合　　　B. 不太符合　　　C. 一般符合

D. 比较符合　　　E. 非常符合

11.家里的每一次集体活动,我都会积极参与并全力以赴。

A. 完全不符合　　　B. 不太符合　　　C. 一般符合

D. 比较符合　　　E. 非常符合

12.家里的每一位成员都有自己的角色定位,并会主动承担相应的责任。

A. 完全不符合　　　B. 不太符合　　　C. 一般符合

D. 比较符合　　　E. 非常符合

选项计分:A选项计1分,B选项计2分,C选项计3分,D选项计4分,E选项计5分。

题目1和2:测试你的家庭是否有积极氛围;

题目3和4:测试你的家庭是否有积极关系;

题目5和6:测试你的家庭是否有积极沟通;

题目7和8:测试你的家庭是否有积极情绪;

题目9和10:测试你的家庭是否有积极对话;

题目11和12:测试你的家庭是否有积极参与。

你可以对积极家庭特质的分数由高到低排序。排名靠前的特质是你的家庭的优势。若有些特质排名靠后，或者得分低于 5 分，则说明这一特质是你的家庭要重点提升的方面。

从孩子出生开始，家庭中所有成员的言谈举止以及互动等，都在塑造新生命的过程中起到了重要的作用。个体基本知识和能力的获得都来源于家庭。虽然说学校和社会也会对孩子产生很大的影响，但是在家庭中形成的很多生活习性和思维方式，会对孩子的一生产生重要的影响。

积极家庭能够为每一位成员提供归属感、安全感和价值感。归属感是一个人最基本的需求。如果孩子觉得在家庭中被认可和接纳，他就能够感到自己有独特的位置，感到自己是"有用的人"。安全感是一个人渴望稳定、安全的心理需求。在孩子成长初期，他的安全感主要来自家庭，尤其是母亲。而价值感是一个人感受到自己在集体中的价值和重要性。在家庭中，父母无条件地接纳，有助于培养孩子的价值感。在内心建立"无论我表现如何，父母都爱我，我是有价值的"这样信念的孩子，会在未来的人生道路上敢于尝试，不惧失败，在自己组建的新的家庭中也将拥有归属感与安全感。心理学家阿尔弗雷德·阿德勒（Alfred Adler）曾说："幸福的人，一生都被童年治愈；不幸的人，一生都在治愈童年。"归属感、安全感和价值感，是家庭给孩子的宝贵财富。

心理学家用实验研究爱在成长中的作用，比如，哈利·哈洛（Harry F.

Harlow）的恒河猴研究。

> **养育实验**
>
> **哈洛的恒河猴研究**
>
> 哈洛给一群小猴子制作了两个假妈妈，一个是用铁丝网制成的"铁丝妈妈"，另一个则是覆盖着软垫的"绒布妈妈"。这两个"妈妈"的身体大小相同，内部都装有能提供热量的灯泡。但不同的是，"铁丝妈妈"的胸前还装有一个24小时提供奶水的装置，"绒布妈妈"则没有。
>
> 按照当时传统理论来猜测，小猴子们肯定会与"铁丝妈妈"产生更多的互动，因为"铁丝妈妈"的奶水能让小猴子们吃饱肚子。
>
> 但结果出人意料。这些小猴子竟然都选择了没有乳汁的"绒布妈妈"。只有当感到饥饿时，它们才会爬到"铁丝妈妈"身上待一会儿。一吃饱，它们便迅速地回到"绒布妈妈"身边。特别是当遇到威胁时，哪怕正在"铁丝妈妈"怀里吃奶的小猴子也会跑到"绒布妈妈"身边，紧紧抱住它。

这项实验得出了很明显的结论：身体接触是母婴连接的重要因素。而且，这种接触必须具有身体上的舒适感。哈洛的恒河猴研究带来了育儿观念的改革，他的研究报告发布以后，许多孤儿院、社会服务机构和家庭都不同程度地调整了育儿方式。甚至有一位女士在看了哈洛的研究报告后，找到哈洛说："现在我知道我的问题到底出在哪儿了，我就像是那只铁丝母猴。"

家庭带给孩子的不仅仅是物质上的满足、日常生活中的照料，更重要的是心理关怀、心灵上的关照。家庭要给孩子最大的关怀、支持、拥抱、安全以及身体力行的教育，协助孩子解决在成长中遇到的心理上的困惑、挫败、失望及焦虑等。有爱的家庭是相互滋养的，有爱的家庭才能建立相互的信任。在有爱的家庭中成长的孩子，会被温柔对待，会感受到家庭的支持，长大后会更有安全感。

中国积极心理学的开创者、清华大学社会科学学院院长彭凯平教授调查了来自不同学校、有着不同背景的 1 260 位 10～17 岁的中国孩子，发现幸福的、有积极和成长型心态的孩子，不但抗逆力更强，而且在学校里参与度更高，成绩也更好。能够让孩子提升成绩的因素，除了让他掌握更多的知识，还有让他拥有幸福感和积极的心态。彭凯平教授认为，积极教育主要是帮助孩子培养以"品格优势与美德"为核心的积极天性。而拥有积极天性的孩子则将具有王者之力，即"ACE+"。

- **A 代表审美感（aesthetic）**，能够看到别人看不到的东西，能够领悟别人领悟不到的东西，能够欣赏自然、社会和人的真、善、美。

- **C 代表创造力（creativity）**，能够分析问题、解决问题和创造新概念、新事物，想象、憧憬、计划未来。

- **E 代表同理心（empathy）**，能够敏锐地感受并影响他人的情绪，了解并理解他人的欲望和需求，善待他人，成人之美。

aesthetic、creativity、empathy 的首字母大写拼在一起，正好是英文 ACE，也就是"王牌、王者"的意思。这三项能力组合起来，是人类认识世界、参与世界以及理解世界的全部内容。其中，审美感是根，创造力是茎，同理心是叶，而"+"的内容是花，它代表着以"ACE"为基础的人类其他的品格优势与美德。此外，拥有积极天性的孩子还将具备其他优势，如抗逆力、乐观、希望、感恩、利他主义等。

家庭是实现积极教育的最佳场所。我们可以通过积极沟通、积极情绪、积极对话、积极参与等方式建设积极的家庭氛围和积极的家庭关系，用积极家庭系统培养孩子的"ACE+"王者之力。

第 11 章

积极氛围：在潜移默化中培养

积极的家庭氛围是家庭成员之间良好的关系营造出的情感氛围，是由家庭中的每一位成员共同参与创造的。家庭氛围是偏隐性的、主观的，对家庭成员产生的影响也是潜移默化的。在积极的家庭氛围中，孩子在面对挫折的时候更敢于接受挑战、相信自己。这不用父母特意教导，在积极的家庭氛围中即可习得。《论语·颜渊》中有一句话："君子之德风，小人之德草，草上之风，必偃。"在一个家庭中，父母的德行好比是风，孩子的德行好比是草，创造积极氛围主要是父母的责任。

积极氛围的关键价值

积极氛围促进孩子品格的发展

　　在家庭中，看得见的行动、听得见的语言、看不见的思想、习以为常的互动模式……这些家庭氛围都在潜移默化地影响着孩子的品行。

第 11 章
积极氛围：在潜移默化中培养

当孩子的自我意识没有发展充分，他对事物的判断能力远远落后于他对新鲜事物的好奇心时，父母的言谈举止以及对孩子的评价与反馈都会成为孩子认识世界的范本。

如果父母在生活中积极乐观，在处理亲子关系时能合理地调节自己的情绪，正确地表达自己的情感，给予孩子恰当的肯定和赞赏，那么，在这样的氛围中成长起来的孩子在面对困难时就会更愿意大胆尝试，也会形成乐观、自信、积极进取的品格，更愿意肯定自己及他人。

积极氛围促进家庭成员关系和睦

积极氛围强调正向情感表达。很多家庭争吵都源于非正向情感表达：心里明明很在乎，但语言上偏偏表达的是嘲讽和不在乎。比如，父母会指责孩子："活该冻着你，谁叫你不听我的，多穿一些再出来玩呢？冻感冒了怎么办？"明明是心疼孩子，但表达出来的是指责和抱怨。

积极氛围还强调民主的家庭权利。"一言堂"会让家庭氛围变得沉重，让家庭成员不敢在家中表达自己的想法。积极氛围的家庭鼓励每一位成员表达自己的想法，在民主的氛围中决策事务，让每一位家庭成员都感受到自己被尊重、被重视，从而促进家庭关系的和谐发展。

在积极氛围的家庭中，家庭成员在情绪低落的时候，可以坦率地表达自己的消极情绪，获得积极的反馈。如果我们平时不向家人表达消极情绪，在发生家庭矛盾时，就会偏向于消极情绪的转移和发泄，容易引发"踢猫效应"：一位父亲在公司受到了老板的批评，回到家因为一点儿小事就和妻子发了火；妻子把沙发上跳来跳去的孩子大骂了一顿；孩子心里窝火，又狠狠地踹了一脚身边打滚的猫；猫逃到街上，正好一辆车开过来，司机赶紧避让，却一不留神把路边的一个孩子撞伤了……"踢猫效应"指的是消极情绪的传染，人的不满情绪和糟糕心情，会沿着社会关系的链条依次传递。在这样的家庭氛围影响下，每个人的情绪、性格、处事方式都会受其影响，家也不再是温暖的避风港，反而成了风口浪尖。

积极氛围的 5 个要素

要素 1：尊重，给孩子参与的机会

尊重意味着父母将孩子当作一个平等的个体，不居高临下地批评孩子，不否定孩子。尊重意味着不独断专行，也不完全讨好顺从孩子，而是允许每个成员发表意见，然后父母结合实际情况跟孩子商量对策，最终做出决策。要让孩子在这些事情当中感受到他是被重视的，而不是用"大人说话，小孩别插嘴""小孩懂什么""爸爸妈妈都安排好了"这样的话来阻止孩子的发言和思考。

要素 2：独立，培养孩子的自立能力

培养孩子价值感最好的方式就是让他做力所能及的事情，在这个过程

中会让孩子增强对自我的认同。如果父母以"我爱你"和"为你好"的名义替孩子包办很多事情，孩子最初可能会感到舒服和轻松，但成年后将缺乏独立面对人生困境的能力。只有重视培养孩子的自立能力，才能让他在面对挫折时保持坚强和自信。

要素 3：陪伴，给予孩子安全的空间

积极氛围中的陪伴，是营造一个安全的空间让孩子感受到在这个空间中他可以轻松地休憩，可以勇敢地尝试，让孩子知道父母任何时候都会支持自己。在这样的氛围中，孩子会感受到家庭的情感支持。

要素 4：童趣，做孩子积极的玩伴

随着孩子的成长，受身边环境的影响，父母对孩子的期望会变多变高。当周围的孩子开始学习钢琴、舞蹈、奥数、编程等，父母很怕自己的孩子会跟不上时代的步伐，开始从孩子的玩伴变成他的"学伴"，更多地关注与孩子学习相关的事情，陪伴孩子玩耍也改为陪着学习、上兴趣班。如果父母在这个过程中心态很轻松，无论孩子学得如何都能接纳的话，那相处氛围也还算可以。但更多的情况是，父母都望子成龙、望女成凤，对孩子的期望越来越高，当孩子没有达到自己的期望时就会焦虑，孩子也会有很大的压力，可能会与父母产生矛盾和冲突。与其这样，父母不如把陪孩子学习的时间分出一部分和孩子一起做游戏，做孩子积极的玩伴。对孩子来说，游戏本身就有吸引力，而且和父母做游戏，挑战性、趣味性、成

就感都会增加，还可以促进亲子间的情感联结，何乐而不为呢？

要素 5：反馈，给孩子正向的回应

正向反馈也会潜移默化地影响孩子，并内化为孩子的性格品质，促使孩子不断地成长进步。

如果告诉你"不要去想一头粉红色的大象"，你的脑海中出现了什么呢？正是一头粉红色的大象！大脑的机制就是如此：会自动过滤掉这些否定的前缀，只记得后面的实词。当父母经常让孩子不要做什么，却发现越说孩子越做，原因也是如此。那我们不妨试试对孩子进行正向反馈。正向反馈也更有利于家庭成员之间的沟通，直接告诉家人你想要他如何做，让他确切地知道，而不是在你的无数"不要这样、不要那样"中去分辨你希望他做什么。

营造积极氛围的实操方法："五施"

积极家庭氛围的营造是一个长期的过程，需要每一位家庭成员的参与。营造积极的家庭氛围需要从身体到内心，从有形到无形全方面努力，不仅要语言上改变、身体上行动，还要以颜养眼、以眼养心，用美好的事物让眼睛接收到美好，把所有的美好沉淀在心里，积极的家庭氛围就自然产生了。彭凯平教授提出了"五施"，帮助中国家庭从日常熟悉的小事

中发掘幸福。该方法强调日常与细节的重要性，认为我们应该调动自己的"言、心、身、颜、眼"，来重拾被忽视的事物，创造最简单的美好。父母想在家庭生活中践行"五施"来营造积极的家庭氛围，可以采用下面 5 种方法和孩子一起做一些简单而平凡的事情。

方法 1：言施

语言是文化的载体，也是沟通的重要桥梁，用语言来传达美好，通过语言营造积极的家庭氛围，提供可以正向积极地讨论解决家庭问题的环境，就会极大地提升家庭成员的幸福感。言施，不妨从家庭会议开始。

家庭会议不是父母给孩子上教育课，梳理孩子最近犯了什么错，它其实可以成为家庭中一项有趣又有意义的活动。在家庭会议中以尊重为前提，来一场平等的对话，可以增强家人之间的联结，提升每一位成员的家庭责任感。

家庭会议流程

首先要分工。每次会议都要有主持人、计时员、记录员，可以根据家庭成员人数轮流安排。主持人负责组织会议流程；计时员负责把控会议整体时间，并监督各项流程和各个成员的发言时间；记录员负责记录会议要点并留存。分工安排成员各自的任务，能更好地培养孩子的责任感和独立自主的能力，也可以提升父母对家庭活动的参与感。

其次是发言。家庭成员要依次在时间限制下就会议流程中的内容发言。可以适当增减环节，不必每次都一样。很多时候，我们在家人面前都不擅长表达自己内心的真实想法，通过家庭会议，我们不仅可以倾听每个人内心的需求，而且还可以锻炼孩子的语言表达能力。

最后是记录。召开家庭会议的频率可以根据家庭需要来确定，但每一次都要做好记录。做好记录的目的是落实行动，在行动中检验目标制订是否合理。多次会议活动之后，会议记录还会呈现出家庭阶段性的改进。

家庭会议雷区

雷区 1：翻旧账。翻旧账是争吵的开端。比如一家人计划去爬山，却开始指责上一次去爬山东西准备不全。在家庭会议中，可以讨论如何完善，但要避免抱怨和指责。

雷区 2：只让孩子发言但不给反馈。不管是哪个家庭成员发言，都要给予反馈，一起讨论是否需要采纳他的意见，这样才能促进家庭成员更积极的思考和参与。

方法 2：心施

心施是指用心感受当下的美好。当父母因为事务缠身，以敷衍的态度对待孩子时，孩子是能敏感觉察到的。所以，父母可以设定一个一家人都沉浸其中的家庭时光，让孩子感受到家庭成员的情感支持，学习家庭成员之间的互动模式，这会促进亲子关系的发展。家庭时光不需要限定在特殊的日子，可以是每天出门前的"拥抱时间"，晚上睡觉前的"晚安时间"，让孩子感受到父母的心意即可。家庭时光可以分为两种，一种是一对一专属时光，还有一种是家庭集体时光。

一对一专属时光

日常生活中的一对一专属时光可以遵循"121 原则"，即一天之内，利用 20 分钟，做一件彼此都愿意做的事情，比如运动、阅读、聊天等，以此来增进感情，不管是亲子之间还是夫妻之间都可以采用这一方法。

家庭集体时光

家庭集体时光就是全家人定期一起做一件事，这样不仅可以让孩子感受到家庭的支持和爱，还可以让孩子耳濡目染地学会如何安排集体活动，如何在过程中与人沟通，如何在照顾他人的同时也照顾自己的感受。比如，策划一场野炊活动，从择期、选址开始，家庭成员分工协作，让孩子参与其中。无论是物品的采购，还是与家庭中的每一个成员实现有效沟通，都能锻炼孩子的生活能力。

方法 3：身施

父母可以在日常生活中用身体语言表达自己对孩子的情感，也可以带孩子在大自然中释放身体中积压的情绪。

亲近自然更容易增加家庭幸福感

人在大自然中，能够感受到天地辽阔、内心宁静。在大自然的环境中，人的情绪和身体都能获得释放，人也更容易去接纳身边的事物，这些会促进家庭氛围的和谐。

运动提升行动力

带孩子在大自然中跑跑跳跳，能促进孩子大脑中内啡肽的分泌，让孩子产生积极的情绪，积极的情绪会提升孩子的行动力，让孩子精力充沛地进入学习状态。

身体接触增进家庭成员情感联结

家人之间的拥抱、击掌、拍肩等都可以传递感情。试一试与家人每天拥抱一次，你就会发现家庭成员之间的亲密度提升了。

方法4：颜施

真情流露的笑容，被彭凯平教授称为"迪香式微笑"[1]，特点是笑容饱满，牙齿露出，嘴角上扬，面颊提高，露出鱼尾纹。如果全家人一起做游戏或者其他有趣的事情，会更多地散发迪香式微笑，全家人都能感受到并记得这种积极的感觉。下面的"颜施"方法会让你收获很多笑容。

---

[1] 又叫"迪歇恩式笑容"，由法国神经病学家迪歇恩（Guillaume-Benjamin-Amand Duchenne）研究发现，并以纪念他而命名。——编者注

> 童趣大作战

不管是大人还是孩子，当他们都以孩童心态玩游戏的时候最容易流露出真心的笑容。

> 镜子练习

父母可以和孩子面对面互为镜子，模仿彼此脸上的表情，大家都会被对方脸上的表情逗得哈哈大笑。这个过程，对父母和孩子来说，都是了解自己、加深笑容肌肉记忆的过程。当父母把孩子当老师时，父母还能从他们身上学到率真与快乐。

方法 5：眼施

生活中的美可能是看得到的一些具象的美，比如植物、装饰、风景、好看的衣服，也可能是一些看不见的美，比如家人的惦念、朋友的关怀、陌生人的帮助。以下的一些方法可以帮助父母在家庭生活中有意识地去创造美，记录美。

> 漂流瓶

我们对烦恼的事情往往难以说出口。父母可以在家中准备几个漂流瓶，家庭成员都可以把自己的烦心事写在纸条上，装进漂流瓶中，放在家里某个角落。其他家庭成员看到了可以写下回复，这样既能疏解情绪，也能增进感情。

家庭合影

一家人可以在每年的同一天，或是不同时间的固定地点合影，让时间见证家庭的变化。多年以后，你会发现，照片承载了很多珍贵的记忆。

善用日出日落

日出日落是每天都会发生的事情，非常适合打造家庭的仪式感。比如，在日出时跟家人表达你的爱和想念，在日落时送给家人美好的祝福。当孩子长大离开父母后，看到日出日落也会感受到儿时温暖的爱和祝福。

布置物理空间

走到开阔的大自然中，我们自然会觉得轻松；走进幼儿园看到充满童趣的玩具和卡通贴画，我们会感到有趣可爱；走进"鬼屋"，我们会觉得阴森、恐怖。所以，在创建积极家庭氛围时，物理空间的布置也是重要的一部分。就像你换了一种服饰、发型、妆容都会让家人眼前一亮。更换家庭内部装饰，比如窗帘、桌布、床单以及家里的花瓶、风铃等，都可以让美的风景来滋养家庭。

第 **12** 章

积极情绪：
激活孩子内心的
"能量块"

当一个人处在积极的情绪时，他的认知力、思考力和判断力都能发挥到最佳状态，即便面临困境仍可以找到应对策略，解决眼前的难题。

孩子在成长过程中，会面临很多"第一次"的难题，比如第一次上舞台，第一次没考好，第一次当众被批评，第一次输了比赛……面对这些遭遇的时候，孩子会感到难过、伤心、挫败，甚至会扬言放弃。而父母一旦对此过于担心和焦虑，直接参与到问题的解决当中，就会忽略以下几个问题：

- 情绪本身有唤起—激发—高潮—消退的过程。

- 孩子可以自己解决困难。

- 孩子只不过正在被负面情绪困扰，理性的回归还需要一些时间。

孩子需要拥有积极稳定的情绪来面对难题。而家庭恰恰是能够为孩子

第 12 章
积极情绪：激活孩子内心的"能量块"

提供积极情绪的能量场。当我们拖着疲惫的身躯回家看到家人的笑脸时，疲倦就会消失，无论在外面有任何委屈，任何不开心，只要家里的情绪是积极、正面、稳定的，负面情绪都可以快速得到修复。

踢开消极情绪

"你看看别人家的孩子，再看看你！"这是孩子最讨厌的来自父母的指责。很多父母却对这样的指责习以为常，在他们眼中，孩子的优点是理所当然的，孩子的缺点是无法容忍的。父母也常常在生活中抱怨"孩子的问题太多了""我找不到孩子的优点""孩子总是和我作对，从来不听我的话""我已经想要放弃他了"……

为什么父母看到的总是孩子的缺点呢？为什么父母容易忽略孩子的优点呢？我们把这种偏见称为负面偏向（negativity bias）。负面偏向其实是人类在进化过程中为了保护自己而形成的心理机制。我们远古的祖先每一天都可能遭遇猛兽，可能饿肚子。要维持生存，他们必须对负面刺激非常关注。

有心理学家在 1998 年做过一项研究，证明了人的大脑对负面刺激的反应更强烈。研究人员向 33 名参与者展示了一些图片，并测量了他们的脑电活动以研究其反应。这些图片有的是情感中立的，比如插座、盘子；有的是积极的，比如人们正高兴地坐过山车；有的是消极的，比如枪口、残缺的脸。研究结果显示，当参与者看到消极的图片时，他们与事件相关的脑电活动更多。研究人员因此得出结论，人的大脑受消极图片的影响更大。

有的父母习惯盯着孩子的弱势，却忽视了孩子闪光的一面。如果总是担心孩子不成熟、不懂事、不努力、不认真，担心他们因此而耽误学习、耽误人生的话，很可能会落入负面偏向的陷阱，让父母对孩子的很多行为形成偏见，从而忽视孩子的真实感受和想法，在面对孩子成长中真正遇到的问题时，不知道该如何和孩子一起应对。

化解负面情绪

虽然我们很清楚快乐、自信、乐观这些积极情绪对家庭多么重要，但是我们依然很难做到，因为生活里总有解决不完的事情，没完没了的家务，孩子之间不停的争吵，永远帮不上忙的伴侣……这些事情让我们常常感到焦虑、无助、挫败、愤怒。想要获得开心快乐的积极情绪，就要先赶走负面情绪。

当孩子跟人争吵时，有些父母做的第一件事就是将两个人分开，让争吵行为自然停止。这是因为，大脑需要对事件信息进行危险等级判断，"情绪脑"只能携带少量信息对事件做出最本能的反应，比如说看到老虎要逃跑，遇到危险要躲开；而"理性脑"截然不同，它可以携带大量信息对事件进行精细加工，通过充分的思考、权衡后做出理性的决定，当然"理性脑"需要更长的时间才能做出反应。

当我们置身于诱发负面情绪的环境中时，视觉、听觉等身体的感知觉都会持续、反复地受到负面信息的刺激，导致我们没有太多的时间收集更多信息为"理性脑"争取工作机会，反倒是我们的"情绪脑"如同哨兵一般，尽职尽责地提醒我们积极应战或者逃跑，导致负面情绪无法得到有效控制。而以下 3 步可以帮助我们更好地化解负面情绪。

第一步：阻断与负面信息的联系。比如迅速远离发生争执的人，与他们保持一定的空间距离，如果争吵发生在室内，甚至还可以走到室外。这不仅可以从感知觉的层面直接隔绝消极情绪的刺激源，还可以让我们的"情绪脑"按下暂停键，让我们的"理性脑"恢复工作。

第二步：深呼吸法。人在焦急、生气的时候呼气会特别快、特别重。如果要控制愤怒的情绪，深吸几口空气，通过调整呼吸频率来缓解心跳和血液流速过快的生理现象，让情绪得以平复。

第三步：抚摸身体。摸肚子、拍手、拍胸口都对人的情绪平复有帮助。有一种叫作"蝴蝶拥抱"的疗法可以有效安抚受到巨大刺激的人的情绪。简单地说，就是通过拥抱和拍打自己进行自我安慰，通过感受如同婴儿在父母怀抱里被拍打的节奏，找到深藏在身体记忆中的安全感。

用理性扭转消极情绪

情绪具有高度的个人化，并非取决于外部环境，而是取决于个人的内在理解。同样的事情发生在不同的人身上会产生不同的情绪，心理学家阿尔伯特·艾利斯（Albert Ellis）发现了这一点。他认为，结果的差异来自思维、想法、判断、信念的不同，只要可以改变对一件事情的看法，那么产生的情绪和结果将会大不相同。比如，一个孩子被老师告知不能成为小队长时，一种想法是"我失败了，这太糟糕了，我努力了这么久还是做不了小队长，我再努力也是没有希望的"，另一种想法是"看来我还不够优秀，不过没有关系，我只是尚未成为小队长，现在我要弄明白的是我还需要在哪些地方做得更好"。对于同一个事件，这两种不同的思维方式所带来的结果也截然不同：前者会让这个孩子感到沮丧、失落、乏力，不愿再做任何努力；而后者会让这个孩子平静地接受，寄希望于未来，并愿意做出积极的调整和改变。想要形成后者的思维方式，可以采用合理情绪疗法。合理情绪疗法是以理性治疗非理性，通过对事件—信念—结果—辩驳—激发一系列思维角度转换的方法，帮助人们以合理的思维方式代替不合理的思维方式，从而避免不合理的信念给情绪带来的不良影响，减少负面情绪的产生。

合理情绪疗法可以帮助我们意识到那些由于不合理认知而产生的负面情绪。这并不是说，即便发生了糟糕的事情也要假装没有发生，而是让我们觉察和发现自己思维认知里的单一性和绝对性，理性地从事情的多个层面来看待和分析问题。这样才能拓展我们的思维认知，激发积极情绪，从而想到更多元的应对方式和策略。

第 12 章
积极情绪：激活孩子内心的"能量块"

每个人内心都有"能量块"

积极情绪像一个天然的"能量块"，不仅可以消除和逆转负面情绪，减少消极情绪对我们身体和精神上的伤害，还可以让我们头脑更加清晰，思维更加灵活，更具有创造性。

积极心理学研究者潘仲君通过实验发现，个体创造性思维明显会受到情绪状态的影响，人处于积极的情绪状态下，会在持久性、原创性、流畅性、灵活性等方面有更好的表现。有人这样描述自己在积极情绪中写作的感受："我感觉我的大脑像开了闸的水库，文思奔涌而出，我的手完全停不下来，我听不见也感受不到外界的任何信息，只有精美的辞藻和诗句不断地涌入我的大脑，我感觉无比的兴奋和快乐，我深陷其中无法自拔……"

积极情绪的价值不仅体现在个人身上，还体现在家庭当中。当家庭中充满快乐、欣赏、希望、幸福的情绪时，家庭成员更愿意进行尝试和创新，更勇敢地突破自我，成就新的梦想；家庭成员更容易形成稳定的人格特质，更加自信，更愿意提升自我；家庭成员更愿意维持或寻求更加亲密的关系，更愿意与陌生人交往，更愿意产生有利于他人的行为，从而拓展更为广泛的人际关系。而这些积极情绪对人的精神层面的塑造和影响，对于还在成长中摸索的孩子来说尤为重要。

打造家庭积极情绪

父母可能不会忽略孩子糟糕的情绪,但常常会忽视打造积极的情绪。事实上,孩子在日常生活中如果能积累一定量的积极情绪,那么当遇到负面的事件时,就会更快地从消极情绪中恢复过来。这就如同一杯水,如果每天都加一点点糖,那么就算突然在里面加了一片苦瓜,苦涩的味道也会迅速被糖所稀释。积极情绪也是如此,如果日常生活中能够感受到幸福、快乐、满足、充实的话,就算偶尔遇到烦心的事情也会迅速地被积极情绪所替代。

第一步:灌输希望——家庭情绪的强心剂

很多孩子都爱说"我不行"。面对挫折和失败,他会感到无能为力,会缺乏动力,深陷无可奈何的低谷中。之所以有畏难情绪,是因为看不到成功的希望。如果孩子对将来可能发生的事情能够进行积极、客观的预判,并且从中看到成功的希望的话,那么孩子就会愿意继续努力。

第二步:创造快乐——家庭情绪的调味剂

快乐可以触发内啡肽、后叶催产素等多种激素和多巴胺、血清素等神经递质的分泌。这些化学物质可以缓解我们的痛苦,有效抑制负面情绪的

第 12 章
积极情绪：激活孩子内心的"能量块"

产生，激发突破和追求的欲望，还能使我们更乐于分享，让自己的生活因他人的存在而更充实、更有价值。快乐也可以提升我们认知操作的能力，让我们思维更灵活、记忆容量更大、创造性更高，解决问题的成功率也更高。快乐是精神上的一种愉悦，如同调味剂，可以给悲伤带来温暖的安慰，给消沉带来积极的力量，能够增加我们对爱的体验，给我们带来归属感和信任感，让我们获得心灵上的满足感。

当我们想获得快乐时，将嘴角上扬，快乐就会降临。这听起来很神奇，其实它来自具身认知理论，这一理论指出，人的身体和精神存在着直接的联系，人们能够通过做出某种面部表情来产生或加强相应的情绪反应。也就是说微笑的表情能产生或加强愉悦情绪，而皱眉的表情则会让人更加难过，这就是为什么即便是假笑也会让人感到开心。

第三步：善于宽恕——家庭情绪的修复剂

在家庭生活中，很多人都曾遇到一些自己认为无可挽回的"伤害"，比如在成长过程中母亲或父亲的角色缺失，父母对于兄弟姐妹的偏袒，长期不正确的教养方式带来的精神或身体上的伤害……这些经历虽然是过去式了，却会时常忆起，让我们委屈、愤怒、痛苦，忍不住抱怨、指责，甚至是"以其人之道还治其人之身"。但即便如此，我们仍旧无法逆转时间回到过去，改变事情，我们的愤怒和痛苦也并不会因为纠结拉扯而有所缓解。当我们期待可以摆脱过往的"伤害"时，我们更需要打破负面想法和负面经历所带来的精神上的束缚，真正让自己的精神自由。

宽恕，是可以接纳别人的过失而不耿耿于怀，它可以让我们不必压抑自己的情感或担心自己的行为会伤害到对方，它可以让我们放下"前仇旧恨"，化干戈为玉帛，它可以让我们不必沉浸在抱怨、委屈、悲伤、嫉妒、仇恨的枷锁里无法自我救赎，它可以让我们更真实、更舒适、更自由地生活。

宽恕是家庭裂痕的修复剂，对他人的错误给予理解和原谅，不责备，不惩罚。宽恕看似是在减轻对方的痛苦，实则是在清除自己内心的怨愤，阻止怨愤妨碍我们享受人生的快乐。

第四步：表达欣赏——家庭积极情绪的增稠剂

被欣赏的孩子都是自信的，孩子会从认可中获得自我存在感、关注和爱的体验。欣赏孩子会更容易强化孩子正向的行为，促进孩子优秀品质的形成，这样在人际关系中，更能够让孩子受到关注、认可和喜爱，从而更加乐观、开朗地面对交往，让人际关系良性运转。欣赏，好似积极情绪的增稠剂，在抑制消极情绪和行为的同时，激发积极情绪和行为的产生，并让积极情绪和行为在积极关注下得到不断强化和巩固。

行为科学中著名的"保龄球效应"同样证实了这一点。科学家将保龄球新手分为两组，一组的教练总会给予积极反馈，另一组的教练则会给予消极反馈。结果消极反馈组的成绩远远落后于积极反馈组。这说明，被欣赏、被赞美会逐步让孩子身上的闪光点放大成为耀眼的光辉。

第 12 章
积极情绪：激活孩子内心的"能量块"

　　我们可以将欣赏纳入日常生活当中，比如可以对着镜子进行自我欣赏，也可以相互欣赏；可以欣赏外在表现，也可以欣赏内在思想。只要我们将欣赏直接表达出来，比如"看到你今天的笑容我也很开心""你今天穿的衣服真好看""你今天做的早餐真好吃""你今天把房间收拾得真干净"，就可以从欣赏中获得源源不断的力量和美妙的感觉。

第13章

积极关系：家庭是一个成长共同体

哈佛大学的教授阿列·博克（Arlie Bock）曾主持了一项跨世纪的漫长研究。研究选择了两类人作为研究对象，分别是哈佛大学的在读本科生和生活在波士顿的贫民。一代代研究者在 75 年的时间里，跟踪了 286 个研究对象，记录这些人的工作、家庭、生活和健康状况，甚至对他们的 2 000 多个子孙进行了采访，保留了几万页的记录。

这场声势浩大的研究，只为了解一个真相：什么样的人活得更幸福。研究结果表明，如果一个人能在 30 岁前找到"真爱"——无论是亲密的亲情、友情，还是爱情，就能大大增加他"人生繁盛"的概率。也就是说，最幸福的不是那些有钱、有地位的人，而是具备积极人际关系的人。

这项研究发现，爱、温暖和亲密关系会直接影响一个人的"应对机制"。如果说，温暖亲密的关系是美好生活最重要的开场，那家庭则是培养温暖关系最好的"温床"。因为在家庭中，无论是夫妻关系，还是亲子关系，都是人生中最重要的人际关系。而这些关系又如多米诺骨牌，一个关系的坍塌就有可能会带来另一个关系的毁灭。家庭是一个巨大的成长共同体。

第 13 章
积极关系：家庭是一个成长共同体

还有一项研究，对积极关系的重要性提供了佐证。如果你面对一个面无表情的人，无论你对他做什么，他的表情始终如一，对你不理不睬，你会怎么样？如果面对这种困境的是婴儿呢？1975 年，发展心理学家爱德华·特罗尼克（Edward Tronick）做了著名的"面无表情"实验。

> **养育实验**
>
> **"面无表情"实验**
>
> 有这样一项实验：妈妈与婴儿面对面愉快地玩耍。3 分钟后，妈妈转过头去。等她再转回头，之前的微笑换成了毫无表情，也不再跟婴儿互动。婴儿呆住了，试图用之前的动作和声音"挽回"妈妈。发现无效后，婴儿开始用尖叫等"攻击"的方式吸引妈妈。可还是没有效果。婴儿开始不安地吸吮手指，最后再也忍不住，放声大哭。而当妈妈恢复到之前的表情与动作、边安慰边互动后，婴儿也恢复到一开始开心的样子。

这个实验提醒我们，即使是婴儿，也能感受到妈妈与他的关系如何，并被这种关系所影响。那如果家庭关系已经出现了很大的问题，还有机会重建吗？请相信，无论现在你的家庭是处于何种状态，你都可以在家庭中重新建立积极关系。

虽然，家庭中有时会发生争吵，在争吵中会有意或无意地彼此伤害。但是，"对不起"拥有无穷的力量。正确道歉能够化解负面情绪和伤痛，在家庭中重新建立信任与亲密。对家人正确地道歉通常包含以下的步骤：

- 承认所做的事情；

- 描述错误行为可能对家人造成的伤害、侵扰和影响；

- 说明你将如何弥补错误，比如赔偿损失，并承诺不会再这样做；

- 真诚地道歉；

- 表示会给家人留出空间和时间来考虑你的道歉。

进行积极的自我评价

很多人认为，如果把家庭关系看作一条绳子，牵动这条关系绳的是绳子另一端的家人。但事实是，绳子这一端的自己才是关键。如果我们认为自己是有价值的，有信心可以牵动这条绳子，那么当这条绳子出问题的时候，我们才会更有力量去面对，而这份力量就是一个人内在对自己的认可程度，也就是自我价值感。自我价值感是个人力量的源泉，也是积极关系的源泉。

养育实验

伤痕实验

有研究者邀请了一批志愿者，并宣称该实验是为了观察人们对身体有缺陷的陌生人（尤其是面部有伤痕的人）会做何反应。好莱坞专业化妆师在这些志愿者左脸化一道血肉模糊的伤痕妆，志愿者被允许用一面小镜子照照化妆效果，之后镜子就被拿走了。

在化妆的最后一步，化妆师偷偷用纸巾擦掉了他们的伤痕妆。被蒙在鼓里的志愿者们前往公共场合，去观察人们对其面部伤痕的反应。活动结束后，返回的志愿者们叙述了相同的感受——人们对他们的态度比往常更粗鲁、更无礼，甚至会总盯着他们的脸看。可实际上，他们的脸跟平常没有差别。

志愿者的脸与平时并无差异，但为何会得出人们对他们"更粗鲁、更无礼"的结论呢？这是因为化妆让他们对自我认知出现了偏差，而这种偏差，影响了他们对关系的判断。自卑者的自我价值感较弱，他感受到的多是歧视的眼光，自然会贬低自己，责怪他人；而自信者的自我价值感较强，感受到的多是信任的眼光，他会自我欣赏，感激他人。

合理归因，提升家庭价值感

要重塑自我价值感，提升自我认可度，先要学会理性地归因。如果你总是习惯自我否定，那么建议你在家庭中，有意识地把一些好事的发生多归因为自己的努力，并且内心经常体会好事带来的"好感觉"，当发生一些负面事情时，试着分析一下是不是外部条件的限制所导致的。慢慢地，你就会对自己少一些否定，多一些欣赏，甚至会爱上自己。除了自己去努力，我们还可以邀请家人多帮你做一些理性、客观、积极的分析，帮助你更加合理地归因。以下是错误归因和合理归因的例子：

- **错误归因：** 别人家的父母和孩子感情真好，他们真的太有教育经验了，我就是不太行，做不到啊！

  合理归因： 别人家的经验，是他们一步步摸索出来的，他们或许也有过和我一样的困惑。如果我从现在开始，主动去学习、主动去改变，我也可以做得很好。

- **错误归因：** 孩子最近爱和我说话了，是不是发生了什么事？

  合理归因： 孩子最近爱和我说话了，这很大程度要归功于我调整了自己的沟通方式，更会倾听孩子了，我做得不错！

当我们掌握了合理归因的方法，我们就能把这个方法教给家人，让他们内心对自己更加认可。以下为两个引导孩子进行合理归因的例子：

- **如果孩子说：**"最近数学考得不错，是不是题太简单了？"**父母可以回答：**"这次的题目可能是比以往简单了一些，但是我觉得更主要的原因是你前一段时间真的很用心在学，我看到你一直在坚持整理错题集，仔细地对待每一个不懂的知识点。你真棒！"

- **如果孩子说：**"英语单词太难记了，怎么学都掌握不好。"父母

可以回答: "这个学期学校要求的英语词汇量确实很大,但是这不仅对你,对所有同学来说都是一个不小的挑战。咱们一起来看看,有没有更好的记忆方法,可以多试试。"

激发家庭成员的自我价值感

培养自我价值感,需要在家庭中营造出轻松开放、彼此欣赏的氛围,在这样的氛围里家庭成员不会吝啬于表达对彼此的爱,每个家庭成员身上的特点都会得到赏识。激发家庭成员的自我价值感可以用以下 4 种小方法。

方法 1:给自己写鼓励贴纸

每天给自己写鼓励贴纸,给家人写鼓励贴纸,可以提升全家人的自我价值感。下面是一位妈妈写的几个鼓励贴纸:

> **家庭案例**
>
> **给自己的鼓励贴纸**
>
> 前几天,孩子发烧了。我虽然也会担心,但心态更平和稳定了。我相信这是孩子长大过程中必经的一个阶段。我欣赏自己是一个面对问题越来有方法,越来越淡定、平和、有力量的妈妈。

给孩子的鼓励贴纸

昨晚和宝贝玩方格游戏，你认真投入地看每一条规则，并且清晰地讲解给妈妈。妈妈发现了宝贝能快速地理解规则，并利用规则战胜妈妈！宝贝你真的很棒！

给老公的鼓励贴纸

亲爱的老公，当我疲惫地回到家里，看到你围着围裙忙前忙后的样子，真的太感动了！孩子在安静地看书，排骨真香，屋里真暖和。希望幸福永远定格在这里。感谢老公的付出，抱抱。

方法2：展现高能量姿态

鼓励家人表现出积极、成功的样子，能够帮助我们更好地建立积极的自我评价。比如走路时，尽量提醒自己脚步更坚实有力，更有朝气，比如面对陌生人时可以提醒自己嘴角上扬，眼角带笑，展示更多的自信和活力。

此外，试试通过伸展自己的肢体，来获取更多的能量吧！尤其当我们紧张、沮丧、想退缩的时候，通过肢体的舒展，可以给我们带来放松自信的感觉。比如，当面临一个重要的竞选演讲或考前压力的时候，以下两个姿势能很好地缓解焦虑紧张的情绪。

- **力量姿势：** 站立，双脚稍比肩宽，挺胸抬头，双手叉腰，就像超人一样。这个姿势可以让我们感受到全身都涌动着正能量。

- **感恩姿势：** 站立，高举双臂成 V 形，仰起头，就像在做伸展运动。保持这个姿势，深呼吸三四次，会让我们更加自信。

方法 3：一起讲述"最好的我"

这是一种积极心理学的干预方法，也叫"积极的自我介绍"。通过自我介绍的方式思考并表达自己的优点，找到自身的优势，这会对自己产生强烈的肯定和明确的认知，从而提升自我价值感，让他人也感受到自己所具备的优势与魅力。

具体的方法是：准备一个发生在自己身上的故事，这个故事要可以展现自己最好的一面，篇幅以几百字为宜，然后在家庭会议中讲述出来。

孩子在学校也可以用这个方法介绍自己。这比干巴巴地说自己的基本信息更让人记忆深刻。

方法 4：放大家庭的高光时刻

把家庭成员高光时刻的照片贴在冰箱上、书柜上，当某个家庭成员有些沮丧的时候，就看着这些照片，告诉他，他曾经可以，现在也可以，未来更可以！

第 14 章

积极沟通：
沟通的目的不是说服

沟通是我们表达情感的最基本的方式。对自身而言，积极沟通能让我们的想法和行为更容易被人理解和接受，从而增强我们的影响力；对建立关系而言，积极沟通能让我们更加了解对方的想法，避免误会，从而增进感情，也能更好更快地处理问题。在家庭中，积极沟通有以下3个无可取代的功能。

功能1：促进孩子的大脑发育。 认知神经学的研究显示，沟通是影响孩子大脑发育的关键。美国麻省理工学院的研究者，给来自不同家庭背景的4~6岁的儿童佩戴了记录家庭沟通的录音设备，要求他们佩戴2天。研究发现，不管孩子的家庭条件如何，和孩子的对话次数是儿童大脑发育和语言能力发展的关键，会直接影响孩子的语言能力。

功能2：促进父母观察到更多情况。 积极沟通不仅能够促进孩子的大脑发育，发展孩子的语言能力，还能更准确地传递有效信息。有的父母对发生在孩子身上的事情很不敏感，比如，孩子在学校和同学或者老师发生冲突，如果孩子不主动说，父母也没有敏锐觉察到孩子的情绪或者其他方

第 14 章
积极沟通：沟通的目的不是说服

面的变化的话，父母就不能及时帮助孩子解决问题。只有积极沟通，父母才更有可能获得更多信息，在孩子遇到问题的时候，给孩子更恰当的支持。

功能 3：增进家庭成员的关系。积极沟通能够帮助家庭成员交换有意义、有价值的信息，这样很多问题才能迎刃而解。我们不仅可以通过语言进行积极沟通，表情、肢体动作等非语言信息也能够促进积极沟通。

积极沟通有助于发展和谐的家庭关系。夫妻之间的积极沟通能够改善夫妻关系，了解对方的心意，营造温暖和睦的家庭，从而更好地促进孩子的成长。亲子之间的积极沟通能够建立孩子对父母的信任感。孩子遇到困难时，也会愿意向父母求助，这样父母就可以和孩子一起解决所面临的问题。

真正地倾听

倾听是沟通的基础。父母如果不懂得如何倾听，就很容易妄下判断。有的父母好像在听，但心不在焉地听完之后会说一句"就这事啊，没什么大不了的啊"。这些都是无效倾听或者说是"有毒倾听"。

真正的倾听，其出发点是为了"理解"而非为了"反应"，是通过沟通去理解孩子的观念、感受。倾听者总是从倾诉者传达的一切信息中获取新的有效信息，并且根据这些信息做出进一步回应。

首先，积极沟通要做到结构化的倾听。当倾听者接收到了源源不断的信息，在头脑里自动画 3 个格子，把听到的所有信息，进行分类处理。

第一个格子叫"对方陈述了什么样的事实"，把事实放在这个格子里。

第二个格子叫"对方表达了什么样的情绪"，把情绪放在这个格子里。

第三个格子叫"对方希望我做什么"，把做法放在这个格子里。

当对方表达完事实和情绪之后，一定希望我们有所回应，所以如何回应特别重要。

其次，倾听过程中要少说话甚至保持沉默。"肯定是你犯错了，所以老师才会批评你。""肯定你也有不对的地方，不然那个同学怎么会欺负你？"这些话要少说甚至不说，这样可以有效地解决因"先入为主""不当回应"等造成的无效倾听。如果在倾听过程中想要开口说话，一定要等对方说完。当你觉得对方已经说完了，也请在心里默数 3 秒，再开口。因为很可能在这 3 秒中，对方还会开口，补充很重要的信息。如果在一开始就忍不住开口说话，或者以带有主观评判的方式进行回应，就可能会打断对方，反而不利于获取更全面的信息。

最后，要做到主动且积极地回应。面对孩子的沟通，父母的回应可分为"主动或被动"和"积极或消极"：主动意味着父母很关心孩子说的话题，会认真提问很多关于这个话题的内容；被动意味着父母对孩子说的话题反应迟钝，甚至有些冷漠，只是敷衍地回应；积极意味着父母正面且鼓励性地回应孩子说的话题，让孩子更加自信，感觉得到了重视；消极意味着父母对孩子说的话题进行了负面且打击性地回应，让孩子感到气馁。

第14章
积极沟通：沟通的目的不是说服

假设孩子考完试回家对父母说："我考了班上第一名。"

- **消极主动地回应：**"是不是题很简单呀，你运气太好了！"父母确实是做到了主动回应，但回应是消极的。

- **消极被动地回应：**"我很忙，先别打扰我。"这样的回应其实是父母自说自话，并没有表示出对孩子所说的内容有任何兴趣。

- **积极被动地回应：**"哇，你很厉害，继续努力。"这样的回应看似给了孩子正面的肯定，但是非常敷衍，也会让孩子感到不被重视。和消极被动回应一样，会让孩子有被忽视的感觉。

- **积极主动地回应：**"我看到你很努力，回家只看一会儿电视，都不用爸爸妈妈提醒，就自觉地关了电视去做作业了。这次考第一说明你的努力取得了好的结果。走，我带你庆祝一下。"父母针对孩子分享的信息，给了非常正面的肯定，而且强调了孩子最近的努力，让孩子看到他的好成绩是和自己的努力有关的，这也能激发孩子的学习动力。

抓准沟通的时机

积极沟通强调要及时，但这不意味着要立刻并且每时每刻进行沟通，而是要找准时机。好的沟通时机有3个要素：天时、地利、人和。

天时是指要在特定时间内进行沟通。及时的赞美和感谢能给予最快速的正向反馈，激励对方往你期待的方向越做越好；及时的道歉，仅仅一句简单的"对不起"就能有效防止事态进一步恶化；谈心可以在夜里，因为这往往需要我们深刻地自我剖析；给孩子的建议最好是在他主动寻求帮助的时候。

地利需要考虑场景，是当面还是远程沟通，是公开还是私下沟通。我们生活在网络时代，可能已经习惯于远程沟通了，但是家庭沟通最好还是当面说。因为当面沟通不仅能传达语言本身的含义，更能传情。当面沟通时，我们不仅能听到对方说的内容，还能知道对方的语气语调，看见对方在沟通中的表情、神态、姿势等，这些都是沟通中重要的非语言信息。请格外注意你的表情、肢体、语调的变化，甚至是姿势，因为这些"身体语言"能够激发出别人强烈的反应。至于是选择公开场合还是私下场合沟通，一个通用的原则就是"好事公开说，坏事私下说"。让对方有好心情的事可以在公开场合说，而让对方感到尴尬不安的事则尽可能私下说。而且能公开场合赞美绝不私下偷偷赞美。但是诸如谈心、建议、批评、安慰和道歉等，则需要根据具体情况来定。

人和即双方当下的状态要适合沟通。具体来说就是有情绪的时候要少沟通甚至暂时不沟通，等情绪平静下来的时候再进行沟通。比如孩子考砸了，心情已经很不好了，这时候如果父母看不见孩子的沮丧甚至害怕回家要挨骂的情绪，或者即使知道孩子有这样的情绪而选择忽视，大讲特讲好好学习的重要性，孩子也会听不进去。

第 14 章
积极沟通：沟通的目的不是说服

积极沟通需有表里如一的姿态

弗吉尼亚·萨提亚认为，人们的沟通方式更多是从家庭关系中学来的。当我们身心一致的时候，我们可以关注到自己、他人和情境，这种沟通姿态可以概括为"表里如一"。

积极沟通需要表里如一的沟通姿态，不仅要考虑自己，还要关注他人，同时充分考虑到当前的环境。表里如一的沟通者，言行表现一致，常常让人感觉真实、温暖和被鼓励，与他们沟通非常舒畅。无论是在家庭还是工作中，与表里如一型的人沟通，能够共同成长，增进彼此感情。表里如一的沟通姿态如下："妈妈发现你昨晚玩手机玩到后半夜的时候非常担心，玩到那么晚会损害身体健康。我希望你以后玩手机的时候做好时间规划，早点儿睡觉。我相信这样的话，你之后上课时精神会比今天好很多，妈妈也不用这么担心你了。"

表里如一的沟通姿态往往是相似的，而表里不一的沟通姿态则多种多样，以下是表里不一的沟通例子，需要父母们注意。

1. "指责型"沟通

- 这一切都是你的错。
- 你从来没有都考虑过别人的感受。
- 如果不是你，事情就不会弄成这样。

2."讨好型"沟通

- 我知道我不该这样。
- 如果不是我,你也不会被我拖累。
- 哪怕你这样对我,我也不会放在心上。

3."超理智型"沟通

- 规定就是规定,其他的不用解释。
- 很明显事情就是这样,你硬是强求也没用。
- 毫无疑问,这个事情应该这样解决。

4."打岔型"沟通

- 哎呀,想那么多干什么!
- 说这个就没意思了,我们来聊点儿别的吧!
- 你刚才说什么?对了,我听说……

非暴力沟通法

用非暴力沟通的方式既能诚实、清晰地表达自己,又能尊重与倾听他人。非暴力沟通专注于4个方面:一是表达观察结果,在这个过程中不做出判断或进行评估;二是表达感受,比如受伤、害怕、喜悦、开心、气愤等;三是表达需求,提出具体的要求,而不是抱怨;四是在表达需求的时候用请求，而非命令的方式。

表达事实而非评论

事实与评论的区别在于，事实是"摄像头的语言"，而评论则是经过加工形成的。比如，"垃圾没倒、碗筷没洗，衣服也到处乱扔"是事实，"乱得没法住"是评论；"玩了两个小时手机，只写了一页作业"是事实，"一天到晚就知道玩手机"是评论。带有批评性的评论会让人产生排斥心理。非暴力沟通并不是反对评论，而是希望我们能区分事实和评论，说出事实，并合理地去评论。

表达感受而非观点

我们表达感受，就是在用情感和对方沟通，这样的沟通方式能够获得对方更多的关心和理解。为了更清晰地表达感受，非暴力沟通主张使用具体的语言：当需求得到满足时，用"感激""开心""踏实""放松"等词来表达；当需求没有得到满足时，用"担心""苦恼""难过""灰心"等词来表达。注意尽量不要用"很好""很差"这样模糊和概括的词，否则难以让人了解你的实际感受。

表达需求而不抱怨

指责、批评和抱怨中往往暗含着期待，间接表达了我们尚未满足的需求。如果通过抱怨来提出主张，往往就会收到反驳。只有直接说出需求，才有可能收到积极的回应。在产生情绪的时候，请先在心里默数 10 秒，问问自己是什么需求没有被满足，然后再开口说。

表达请求而非命令

表达了需求之后，我们希望对方有所行动，这时需要表达请求。请求通常以"我希望""请你"等开头。然而，有时候，我们只是想表达请求，却让人感觉是命令——一旦对方认为如果不答应就会受到惩罚或指责，那就是命令。"我观察到……，我感觉……，我需要……，请你……"，如果用这种句式沟通，我们就会发现，更容易得到他人积极的反馈，也能更好地和他人相处，建立积极的家庭关系。

第 15 章

积极对话：和孩子说话有技巧

一些父母苦口婆心地对孩子讲道理，却总是吃闭门羹。孩子要么觉得逆耳，要么直接当作耳旁风，而父母也得不到任何有价值的回应。这究竟是为什么？

我们先来看看"讲话"和"对话"的区别。虽然这两个词语都与沟通有关，但讲话的核心在于单向地去表达观点；而对话则注重双向交流。在生活中，父母自认为的很多"对话"，并不能算是真正意义上的对话，更多的是父母一厢情愿的"讲话"，是在灌输。这就好像一个人高高地站在凳子上，双手抱在胸前，告诉孩子："来，让我告诉你什么才是对的。""我要教你怎么做才是正确的。""听我的，一切都能搞定。"孩子看到这样一个高高在上的人，根本不会产生内心的共鸣，反而会产生对抗情绪。所以亲子间养成积极对话的习惯很重要。

正向对话，启动内在马达

在养育孩子的过程中，有的父母会盯着孩子做得不好的地方，并轻易给孩子贴上"懒散""不上进""堕落"等标签。孩子一旦心生愧疚与自责，就会把自身的能量更多消耗在与内心世界的斗争之中，而不能把能量聚焦在解决问题上。这就导致很多孩子变成了父母口中没有目标、没有计划、没有动力的"三无少年"。

如何停止责备，通过对话了解孩子到底"想要"什么呢？以下的案例是一位叫红茶的妈妈写的关于养育孩子小东的日记。

家庭案例

6月10日，星期日

最近，小东和班上 4 位性格迥异的男孩子组成了"香肠 4 人组"，周末有时会约着一起联机打游戏。今天，小东突然跑到我身边，带着明显的讨好向我打探："妈妈，跟你请示个事！我们想组队参加一个全国比赛，可以吗？"我说："比赛我是支持的，不过你要注意不要因为训练和比赛影响学习和上课。"小东回答："放心吧！"

话音刚落，小东高兴地冲进了自己屋里。我听到小东兴冲冲地组织几个队友开会，定下来了队名、口号、训练计划，选了游戏级别最高的毛毛来当队长。

临睡前，我问小东："训练得怎么样？有信心吗？"小东回答："我们可能是最年轻的战队，重在参与吧！"我又问他："我听见你说队长是毛毛，你怎么自己不当队长呢？"小东说："我技术不行，毛毛比较厉害，射击最准。"

我告诉小东，队长不一定要是技术最好的，队长更需要组织能力，组织战队训练、战术制定、一起合作。但小东说，他还是感觉自己实力不行。其实，他们组队、报名、战术训练都是小东在张罗，他组织得很好。

6月11日，星期一

小东放学回家后告诉我了一些好消息："妈妈，我当队长了，我跟毛毛说了，队长要组织训练和比赛，我比他更合适。"我欣赏地抱了抱他。

做完作业后，小东非常认真地设计了战队的徽标。

7月1日，星期日

比赛结束了，"香肠4人组"没有取得名次。不过小东倒是一点儿都没有气馁，还对我说："感谢妈妈的支持！"

短短3周的时间，我看到了小东对自己热爱事情的极致追求，这让我这个成年人感动不已。我相信，这份经历的意义远远超过比赛结果。

在对话中，红茶发现，小东一直承担队长的职责，却因为自己游戏技术不行而不敢去争取队长的职位。红茶看到了小东的退缩，但她更看到了小东想在团队中承担更多的强烈渴望。红茶真诚地表达出自己看到的小东身上的能力。这份信任让小东决定争取一个突破自我的机会，也带给了他更多的自信与勇气。红茶的智慧之处，还在于不把电子游戏当作"敌人"，而是把它当成了让孩子学习体验的工具。

探究孩子，鼓励孩子

好奇 9 问

父母可以通过启发式的提问方法，鼓励孩子对自我进行觉察。以下是在家庭中经常可以运用到的 9 个提问句式：

1. 发生了什么，你愿意和我聊聊吗？

2. 我想确认下，你刚刚的意思是不是说……？

3. 我很好奇，是什么原因让你做出了这样的选择呢？

4. 我很好奇，当他有这样的反应时，你的感受是什么？

5. 我做点儿什么可以让你感受好一些？

6. 谢谢你那么诚实，我很好奇你对对方的期待是什么？

7. 你尝试过哪些新的方法吗？结果如何呢？

8. 如果可以重来一次，我很好奇你会如何行动呢？

9. 谢谢你那么认真，我很好奇，当一切都好起来之后，会怎样呢？

好奇的对话，是对孩子保持虚心的对话

心理学家埃里克·伯恩（Eric Berne）将人的状态分为 3 种：父母状态、成人状态和儿童状态。这 3 种状态与年龄无关，与角色无关，而是不同的心理状态。其中，父母状态是教诲式的、权威的、高高在上的，而且这类人的头脑中装满了从父母或父母型人物那里内化而来的外部经验，包括很多的"必须"和"应该"。

很多父母会发现，孩子小时候，每天追在自己身后，似乎有说不完的话，但随着孩子的长大，他就像变了一个人，亲子之间的对话经常两三句之后就没了。这是因为我们一直生活在父母状态中，我们认为孩子"应该"回应。我们看似关心孩子内在的想法，实则更关心孩子有没有遵从自己的意愿。

因此，请放下这些所谓的"应该""必须"，真正地谦虚下来，和孩子一样，去好奇别的孩子们的内心感受。这些感受是如何变化的，孩子为何采取这样的行动，孩子内心真正的渴望是什么。

好奇的对话，是启发孩子主动思考的对话

当我们要启动孩子内在的正向力量时，就要透过好奇心启发孩子不断思考，不断寻找自己的优势，并探索最终的答案。

比如，面对总是迟到的孩子，可以这样问："你之前连续两天都没迟到，但你今天又迟到了，妈妈很好奇，你不迟到的那两天是如何做到的？"面对经常打游戏的孩子，可以这样问："妈妈看到游戏对你的吸引力非常大，但是你无论睡得多晚，第二天都依然会去上学，你是如何做到的？"面对数学不好的孩子，可以这样问："妈妈看到你在数学上很挫败，你是不是很难过？但是你在那么难过的情况下，依然愿意去上数学课，我很好奇是什么让你愿意坚持？"当我们抱着好奇心去看待孩子的问题行为时，就能帮助孩子看到问题背后更多的正向意义。

在困境中给予孩子"心理营养"

"心理营养"是指人类的心理需求，比如，被接纳、被认可、被尊重等。就像身体需要营养，心理也需要营养。如果孩子小时候"心理营养"不够充足，成年之后补起来就会艰难一些。如果始终无法补足，这些"营养不良"的孩子，将会持续生活在自我否定、自我怀疑之中。

当孩子在困境中，往往就只能看到眼前的坎坷，孩子的情绪也很容易陷入失落、懊恼中，这也是最容易出现"心理大出血"的时刻。此时，需要父母打起精神，调整状态，成为孩子最可靠的"心理营养"补给站。

首先，父母要接纳孩子如洪水般的负面情绪。 困境中的孩子，往往很容易陷入对自己的负面评价，比如，"我都已经那么努力了，可结果还是不好，说明我能力真的不行""我做了万全的准备，但试卷中的很多题我都不会，我的运气真的太差了"。这类想法会给孩子带来深深的困扰。父母要及时察觉孩子的这些情绪，并给予孩子一些温暖的回馈，比如安慰、鼓励的语言，比如轻轻的一个拥抱，哪怕是一个信任的眼神，都能让孩子感到被理解、被重视、被尊重。在这个过程中，需要父母把一部分注意力放在孩子内心世界，确保能与孩子情感"共振"，另一部分的注意力放在孩子的外在世界，保持一份睿智与清醒，引领孩子从情绪的漩涡中走出来。

其次，父母要科学地去称赞孩子。 当孩子面对挫折时，有的父母只会说"没关系，慢慢来""下次努力""别想了，反正也改变不了什么"，这些话在孩子听来是苍白无力的。

我们该如何科学地称赞孩子，给予孩子更多的力量呢？那就是在称赞孩子时，要指向孩子行为背后的积极品质，这样就能激发孩子内心中更多的积极天性，以及对美好未来的掌控感。以下是一些科学称赞孩子的示范：

- **称赞勇气：** 你一点儿都不怕困难，我为你感到骄傲。
- **称赞毅力：** 尽管很难，但你一直没有放弃，我为你感到骄傲。
- **称赞努力：** 看到你在这个过程中付出的努力，我为你感到骄傲。

- **称赞包容：** 朋友做错了事，你愿意去原谅他，你真了不起。

- **称赞谦逊：** 你一直保持开放、虚心的态度，这一点表现得非常好。

- **称赞快乐：** 看到你每天都开开心心的，我也被你感染了，真好。

最后，要给予孩子一些真实的反馈。 有些父母为了照顾孩子的自尊心，拼命去放大孩子的优点，忽略孩子的缺点。长此以往，就会培养孩子如易碎的玻璃般的内心，无法接受自己任何不完美，经常高估自己。当这样的孩子走入社会，面对"别人"这面真实的镜子，发现自己原来不是父母口中的那般完美模样，可能就会陷入深深的自我怀疑与自我否定。

这个时候，父母要做孩子的镜子，"照"出孩子真实的样貌。这不仅有利于孩子理智的回归，换一个视角重新去看待困境，还能帮助孩子进行自我整合，重建自我认知。

积极且有建设性地回应

当你的孩子、伴侣或者朋友，告诉你一些好消息的时候，你是反应热情，和他们一起分享喜悦，还是狠狠地泼他们一盆冷水，再或是直接无视他们，留给他们一个冷漠的背影？判定一件事是不是一件好事时，需要两个原则：第一，当事人是否认为这是件好事；第二，这件事是否会对当事人的未来造成必然的负面影响。如果当事人认为这件事是好事，且并不会对自己的未来造成负面影响时，那这件事就是值得庆贺的好事。

比如，当孩子取得了不错的考试成绩，父母往往会有 4 种反应：

1. 积极、建设性的反应（热情的反应）："太好了！你的努力终于被看到了，你需要爸爸妈妈怎么支持你？"

2. 积极、破坏性的反应（挑剔，指出潜在不利的反应）："全班都考得不错吧？"

3. 消极、建设性的反应（低调的反应）："挺好的。"

4. 消极、破坏性的反应（漠不关心的反应）："赶紧去写作业吧。"

那么，父母要如何做到积极、建设性地回应呢？主要有几个步骤：

1. 认真倾听，真正关注孩子所说的内容；

2. 关注孩子的情绪，表达真诚的关心；

3. 针对孩子的内容，表达进一步了解的兴趣；

4. 提出建议，或主动提供自己的资源，询问孩子是否需要支持。

在生活中，消极事件往往对我们的威力更大，一件好事所带来的满意度往往不足以弥补一件坏事的破坏程度，因此，多对一些好事有积极、建设性地回应，来强化这种好的感觉吧！

积极回应的 5 种方式

当孩子向父母分享喜悦时，有 5 个小妙招可以让父母与孩子建立积极关系：

1. 看着孩子的眼睛，给他一个大大的拥抱；

2. 和孩子开心地击掌，告诉他，他真的好棒；

3. 开一瓶饮料，相互碰杯，表达欢庆；

4. 一起出去吃一顿有仪式感的大餐；

5. 如果你有点儿害羞，可以偷偷地写在贴纸上，贴在孩子的床头，告诉孩子，你真的为他感到骄傲。

如何解答孩子的敏感问题

孩子经常会提出许多问题，问题无论好与坏，都是孩子去探索人生、探索世界的钥匙。而父母的回答，或认真，或逃避，或敷衍。当孩子提出很多成长过程中的敏感话题时，很多父母更是手足无措。

其实被孩子提了敏感问题是好事。孩子往往不知道去哪里寻找科学准确的知识，如果此时父母能替代那些未知、危险的渠道，给孩子科学准确的信息，则是最安全的。况且，当孩子处在价值观形成的重要时期时，父母引导到位，能借助这些话题帮助孩子建立正向的价值观。面对敏感话题，父母需要费些心思。

父母需要做好充足的知识准备

孩子在生长发育中会面临很多身体上的变化，产生困惑和压力。父母要提前做好准备，让孩子正确地面对发育期。一方面，父母要清楚地了解这些变化，并知道如何去应对。比如当男孩子第一次遗精、女孩子第一次月经来潮，面对孩子想要和异性亲密接触的冲动，父母要有足够的知识储备，去帮助孩子更科学地看待这些变化。另一方面，父母要进一步探索：自己是如何看待这些事情的？这些价值观是否积极正向？你想向孩子传达哪些价值观？孩子渴望了解自己最亲近的人是如何度过这些时刻的，你的看法、你的故事会给孩子不少启发。和说话内容相比，父母的态度对孩子的影响更大。

父母需要创造"可教时刻"

如果父母没有在孩子幼儿期进行性启蒙教育，那么请务必给孩子补上这门成长必修课。当父母和孩子开展对话时，会经常陷入一个误区，那就是更注重对话内容，而忘记了对话的情境。尤其面对敏感话题时，如果太生硬而直接地切入，可能会让孩子心生防备，父母可以先营造一个让孩子感觉安全自在的氛围。比如，选一部适合的电影，邀请孩子一起坐下来观看，并在某个情节，问一问孩子的看法；比如，趁着和孩子一同翻阅相册，回忆青春的时刻，谈一谈你在青春期的一些困扰，一些趣事；比如，当孩子提起同伴之间的某些话题时，敏感地捕捉到可以延伸的话题点，并问问孩子的看法，顺便分享一下你的看法和建议；再比如，看到某个新闻时，分享给孩子，并问问孩子的看法，顺便分享一下你的看法和建议。

孩子问的所有问题都是好问题，因为这些问题的背后是孩子对世界的好奇，而这正是他们创造力的来源。所有的敏感问题更是好问题，因为这些问题的背后，是孩子对父母满满的信任，也是父母影响孩子的好时机。因此，请认真地回答孩子的每一个问题，呵护他们的好奇心！

第16章

积极参与：
沉浸福流，高质量陪伴

为什么必须亲身陪伴

心理学中有个现象叫"曝光效应",指人们更喜欢自己熟悉的事物。比如,人们会更加喜欢名称是常见词的品牌。多次重复出现的人和物,也更能引发愉悦舒心的情绪感受。

养育实验

曝光效应实验

密歇根大学做了这样一个实验:将一些所有同学都不认识的土耳其语单词写在同学们都会浏览的校报上。不同的单词出现的频次是不一样的,最高频次是25次,有的单词只出现1次。最后研究人员在校内发布问卷调查,询问同学们对每一个土耳其语单词的态度是喜欢还是反感。有意思的是,虽然都不知道这些单词的意思,同学们对出现频次高的单词比低频次的单词更有好感。

第 16 章
积极参与：沉浸福流，高质量陪伴

这个实验验证了，经常见面的人会增加相互的好感。"曝光效应"在我们与陌生人的相处中有明显的体现，就算人们相互不了解，仅仅是经常看见就会增加好感度。亲子之间也是如此，熟悉感才能滋生出孩子对父母的喜爱，培养出有温度的感情。身体靠近才能感受到彼此的体温，注意到更多的表情细节，这样才可能共同完成某些事，更可能达成深入的交流和理解。

父母对孩子的爱是实实在在的身体靠近；是接受孩子成长中"小恶魔"的本性，给孩子无条件地接纳；也是对孩子的以身作则、言传身教。身体靠近才有心灵的靠近，只有父母亲身陪伴孩子，家庭的爱才会真实地流动起来，父母也会在这份陪伴中被滋养，感受到深刻的幸福。诺贝尔经济学奖得主丹尼尔·卡尼曼（Daniel Kahneman）[1]说过，获得幸福感的秘密是"花时间陪伴你爱的人和爱你的人"。

如何提升亲子陪伴的质量

比陪伴时长更加重要的是陪伴的质量。我们经常会看到这样的情况，

---

[1] 第一位凭借心理学研究荣获诺贝尔经济学奖的心理学家，著有行为科学领域的里程碑式巨作《噪声》。丹尼尔·卡尼曼在书中指出，噪声是人类判断力的黑洞，它们遍布投资、管理、医疗、法律、教育、职场等各个领域。他通过这本书带人们发现噪声，远离噪声，提升思考与决策。该书的中文简体字版已由湛庐引进，浙江教育出版社于 2021 年 9 月出版。——编者注

孩子在父母身旁，想尽各种办法获得父母的关注，父母却在忙碌着，无暇顾及孩子的需求。当父母和孩子的物理距离很近、心理距离很远，父母就感知不到孩子发出的信号了。

可能这时候，你的孩子正在向你诉说一件对他来说至关重要的事情，也许他想了很久才向你开口，比如在学校被同学欺负了。而你忙得只能应付几句，错过了重要的信息，忽略了孩子的需求。正念是与此相反的一种思维模式，让父母集中精力"看到"当下正在发生的一切，并与之交融。正念一词源于佛教，压力管理专家乔恩·卡巴特－津恩（Jon Kabat-Zinn）在20世纪70年代将正念从佛学和禅修中借鉴到身心健康及压力管理领域。正念是一种自我观照的修行方法，也是一种生活态度。概括来讲，正念是指带着善意与耐心，专注于觉察自己与外界在当下发生了什么，觉察事物的本来面目，而不做任何主观的判断和分析。

以"当下正在发生的客观事情"为出发点，带着理性的状态做决定。这不代表不用头脑计划和反思，而是带着自我觉察和平静的情绪，理性地调用大脑资源。很多科学研究都发现正念有助于身心健康，比如能提高身体免疫力，集中注意力和提高工作效率，学生的考试成绩也会提高。谷歌、哈佛大学、斯坦福大学、牛津大学等机构，都为员工和学生提供正念课程。而家是最让我们放松和表达自我的地方，家人是我们最信任的人，我们也最容易将负面情绪展示给家人。所以，最需要正念的地方就是家庭。

让正念参与到家庭中，一方面，可以增加家庭成员的幸福感，构建

第 16 章
积极参与：沉浸福流，高质量陪伴

有爱的家庭氛围；另一方面，可以提升陪伴质量。正念参与可以用"ABC法"来概括。

A 代表觉察（aware），就是更好地觉察当下的状态，觉察自己的情绪和感受。

> **家庭案例**
>
> 菲菲是职场妈妈。一天临出门上班的时候，孩子问菲菲："妈妈，你昨天就说要给我买手套，到底什么时候给我买呀？"菲菲脱口而出："再说吧！"孩子委屈巴巴地说："妈妈，你为什么这么凶？天气这么冷了，你为什么不愿意给我买手套？"
>
> 菲菲突然回过神来，发现自己一心想着将要面对的忙碌的工作，竟然在不知不觉间发火了，于是蹲下来抱了抱孩子，握着他的小手说："对不起，妈妈刚才不是在生你的气，只是着急出门。天气冷了，小手的确需要温暖的屋子。妈妈下班就给你买！"晚上，菲菲带着给孩子买的手套回家了。

菲菲的愤怒其实是对自己超负荷工作的无奈和控诉，是在责怪自己天气转凉没有注意到要给孩子买手套，不知不觉将这份愤怒传达给了孩子。孩子不理解这种愤怒，认为妈妈在生他的气，甚至是不想给他买手套了。很多时候，我们往往意识不到自己的真实状态，会不自觉地让孩子成为我们负面情绪的受害者。所以在和孩子的相处中，对当下状态的觉察尤为重要。

觉察也意味着全然聆听。带着全然的觉知，认真聆听孩子。很多父母都说孩子越来越不愿意和自己交流了，特别是青春期以后，但是孩子和同龄人之间好像有说不完的话。这是因为父母往往缺乏正念倾听，忽略孩子所表达的关键内容，或太固执己见，让孩子觉得父母无法理解自己。全然聆听意味着父母要放下成见，不要先入为主地去否定和建议，对孩子的想法保持开放的态度。父母的态度一定是鼓励孩子大胆地展现自我，表达自我。在全然聆听的状态下，听到的也不仅仅是话语，还有通过察觉孩子的语调、表情以及表达方式，发现他言语之下的真实情感和需求。

作家林奕含所著长篇小说《房思琪的初恋乐园》中，房思琪在被邻居中年老师性侵以后，是想向妈妈求助的，还用"一个女同学跟老师恋爱了"的话语试探性地聊起了类似的事件。而妈妈没有察觉到孩子的行为动机和害怕、羞愧等情绪状态，她只是凭借习惯性思维和过去的经验回答"这么小年纪就这么骚"，这样的回答阻断了母女之间真诚交流的机会，也将房思琪推向孤独无助的深渊。

B 代表全然接纳（being with），就是接纳当下的状态，而不对它做简单粗暴的判断或者试图强行改变。

真正发生改变的第一步是接纳。全然地接纳目前的状态，不抗拒负面情绪。在生活中，有一些毕业于名校的父母，不能接纳自己的孩子成绩平平。他们认为孩子应该像自己一样成绩出类拔萃才对，因此给孩子很多的指责和打击。父母越是不接纳孩子，孩子越是畏惧和自卑；父母越是高要求，孩子越是焦虑和自责，成绩越是不好。全然接纳孩子，就是接受孩子本来的样子,即使孩子存在"不优秀"的地方,也要去接纳。当我们不去抗拒,不去评判的时候,会清楚地看见想法产生的根源,可能是因为自己对未来的恐惧投射在了孩子身上,希望孩子做个"强者",也可能是内化了小时候父母对自己的挑剔。同时,我们也会看到孩子身上的闪光点和其他的可能性,比如,孩子很擅长艺术,孩子很善良等。父母对孩子的全然接纳,就像一束明亮的光,照亮孩子心里的阴暗角落,让孩子觉得自己是"有价值的、重要的、被爱的",而不是"不值得、被忽视、无足轻重的",这不仅有助于培养孩子的自信和安全感,也是建立良好亲子关系的关键点。

C 代表选择(choice),就是在心平气和地觉察和接纳的状态下,运用理智找到最适合自己的状态。

我们在开启"自动化思维"的时候,往往会被卷入情绪中,不能做出真正有利的选择,导致我们经常为"一时冲动"而后悔。而当我们带着觉察和全然接纳时,自然就会做出最合适的决定,采取最有效的行动。

正念也可以融入日常特别细小的事情当中。父母带领孩子做一些正念的游戏,也是亲子互动的好方法。以下是在日常生活中可以玩的一些正念游戏,但正念游戏不止这些,掌握正念参与的"ABC 法",我们可以让正念存在于家庭日常生活中。

1. 画画正念法

让孩子随意挑选屋里的一个东西,和孩子一起来画它。画完之后，对比你的画和孩子的画跟实物有什么区别？你们俩的画又有什么区别？哪些地方画得像？哪些地方有较大差异？注意这不是跟孩子比赛谁画得更像，更不是要求孩子画得必须跟实物一样。只是通过这个小游戏学习觉察到细节，并且接受这些差异。

2. 打扫正念法

和孩子一起制订一个打扫屋子的计划，尽可能详细地分步骤列举，如：第一步，开窗通风；第二步，整理床铺；第三步，整理书桌；第四步，家具除尘；第五步，打扫地板……按照计划一步步进行。对每一步全神贯注，觉察自己正在做的事情，如：你正在一步步走到窗前；你抬起手臂，推开了窗户；你感受到了窗外吹来的风；你深吸一口气，享受新鲜凉爽的空气……

父母应该做孩子的榜样，让孩子看到正念的平静与美好。正念参与也意味着带着全然的觉知，接纳孩子，与孩子互动，让心与心真正地靠近。在短暂的亲子时光中，体验和孩子之间细微的情感流动，这"细微的情感"正是幸福感的主要来源。正念是让人放松充电的过程，你会发现日常生活也会变得如此幸福，比如孩子用小手温暖你的脸庞，和爱人眼神交流默契，一家人在灯下其乐融融地吃一顿丰盛晚餐……正念参与，让爱和幸福在家庭中流动起来。

第 16 章
积极参与：沉浸福流，高质量陪伴

体验亲子互动的福流

全身心地投入某件事情中，以至于感受不到外界的干扰和时间的流逝，自身的潜力得到极大的发挥，这种体验本身能给人带来极大的愉悦感。积极心理学奠基人米哈里·希斯赞特米哈伊（Mihaly Csikszentmihalyi）[①]将这种状态定义为心流（flow），它指一种最佳的投入状态，高度地专注于当下的任务，达到浑然忘我的境界，体验到一种深刻的满足和幸福。彭凯平教授将这个概念译为"福流"。福流不仅存在于工作、学习和任务中，也存在于日常生活中。比如，当我们做一顿饭菜，和孩子一起拼图，只要足够的投入，都有可能体验到福流的涌动。

是否能体验到福流和专注力有很大的关系。在信息碎片化的时代，我们的注意力非常容易被打断，比如当我们想要在手机上读一篇长文时，通知栏会时不时地弹出一些猎奇的内容，如果这时我们无意点开，就会忘记当前的目标是阅读长文。这会导致人们的注意力越来越难以集中，孩子在这样的时代背景下也很难较长时间地投入学习中。

但如果你专心于当下的事情，那么福流就是对专心投入的奖励。让孩子集中专注力，投入某件事情中，体验到幸福的流动，有助于培养孩子的

---

① 美国心理学会前主席马丁·塞利格曼评价他为"世界上伟大的积极心理学研究者"。他访谈了包括 14 位诺贝尔奖得主在内的 91 名创新者，分析他们在创新过程中的"心流"体验，总结出创造力是如何产生的，并由此写出了经典著作《创造力：心流与创新心理学》。该书的中文简体字版已由湛庐引进，浙江人民出版社于 2015 年出版。——编者注

专注力。当父母可以做到让正念参与到与孩子的互动中，也意味着能够全身心地投入。父母带着这份投入与孩子互动，自然能够带动孩子也专注于当前的事情。让孩子积极参与到一些家庭事务中，通过创设和孩子一起参与的家庭日常活动，比如家务、游戏等，和孩子一起感受福流的涌动，达成高质量的陪伴。

如何在家庭中让福流涌动呢？下面 4 个条件非常重要，缺一不可。

条件 1：任务难度与孩子能力相匹配

分配给孩子的任务难度非常重要。如果目标太过于简单会让孩子感到无聊，而太困难的任务会让孩子望而却步，失去动力。那什么样的难度合适呢？发展心理学中有一个概念叫作"最近发展区"，是指儿童的能力有两种水平，一种是现有的水平，另一种是借助他人帮助可以达到的水平，这两者之间的差距，就是孩子现在要发展的能力区间。

产生福流需要的任务难度类似于最近发展区，即通过一定的努力能够达成。比如，对于青春期的孩子来说，拖地和洗碗就比较简单了。只有足够难度的任务，才会使孩子调动自己的专注力。增加难度的方法：一是增加时间限制，比如 10 分钟内完成拖地任务；二是增加竞争机制，比如父母和孩子比赛，看谁先完成手里的家务；三是选择新颖或复杂的任务，比如和孩子一起做一个蛋糕，一起完成一副拼图。同时也需要注意，不要把难度设定得过高，把任务变得不可完成，那会令孩子感到沮丧。

条件 2：和孩子一起制订目标

人们能够回想起的愉快时刻，常常是在做一些有规则、有目标的事情，比如爬山、下棋、打球、画画等。画画是为了完成一件艺术作品，爬山是为了登上山顶，打球是为了赢得比赛。漫无目的是不会产生福流的。和孩子一起制订目标，积极参与到孩子的精神世界中，培养孩子的目标意识和制订目标的能力。如果目标太大，需要长时间才能完成，那就不妨拆分成若干小目标。以做蛋糕为例，要先确定具体的大目标——做一个健康环保的 8 寸水果蛋糕。再拆分为操作性强的小目标——第一步准备原材料；第二步做蛋糕坯；第三步制作奶油；第四步裱花。最后装在盒子里，就完成了目标。注意每完成一步都需要和孩子确认。

条件 3：即时反馈

同前文提到的一样，要想和孩子在一起体验到福流，也需要不断给孩子反馈。在和孩子一起完成每一个小目标的时候，都需要和孩子确认，给到孩子正面的反馈。只有不断收获正面反馈，孩子才有足够的动力完成烦琐的任务。

条件 4：全神贯注，投入当下的任务中

当你全神贯注地做着手里的事情，比如认真将蛋糕上的奶油抹平，投入地研究棋局，就会感觉到生活中的烦恼和沮丧都一扫而空了，对当下的

生活感到满足和幸福。父母投入的状态也会影响孩子的投入度。所以父母和孩子一起专心投入，享受美好的福流状态吧！

父亲如何深度育儿

中国青少年研究中心"当代中国少年儿童发展状况调查"的数据显示，在被问到"心情不好时，谁最能理解、安慰你"时，仅有10%的孩子选择了父亲。在被问到"空闲时间，你和谁在一起的时间最长"时，仅有6.9%的孩子选择了父亲。

虽然每个年龄段的孩子的认知发展水平不一样，父母的分工也可以略有不同，但是在孩子成长的每个阶段，都需要父亲的积极参与。父亲参与教养对孩子的社会性、行为、心理健康和认知能力都有积极的影响。耶鲁大学的科学家进行了一次长达12年的针对孩子的各个年龄段的跟踪调查，调查证明：有父亲参与教养的孩子智商更高，在学校里的成绩更好，将来走向社会也更容易成功。另外，父亲的形象代表了权威和监督，这有助于减少孩子的不良行为，同时在约束孩子的行为方面也起到了非常积极的作用。在性别角色认同方面，对男孩来说，能在与父亲的互动中，模仿男性的语言和行为，从而形成对性别角色良好的心理认同。同样对于女孩来说，通过对父母性格特征的识别，强化自己的性别意识，学习不同性别角色的行为标准。国内研究表明，父亲的参与度直接影响儿童的幸福感，甚至女孩成年后的生活幸福感也与父亲的抚养行为有显著的关系。父亲的参与直接影响着孩子一生的健康、成就和幸福。

在孩子的教育中，父亲与母亲可以扮演不同的角色，互相配合，互相弥补。如果没有父亲的加入，孩子的教育是非常不完整的。因为性别与思维方式的差异，在孩子的心目中，父亲是力量、智慧、坚强的象征，母亲是温暖、包容、善良的存在。有父亲在身边，孩子会觉得更加安全。

在参与孩子的教养中，父亲需要重点关注以下几件事。

1. 要关爱妻子，积极承担家庭责任。 如前文所述，家庭中的亲密关系优先于亲子关系。父亲要积极充当育儿中的合伙人，而不是次要协助者，更不是边缘人。婚姻关系的质量与父亲参与孩子的养育程度密切相关。父母可以告诉孩子"爸爸最爱的人是妈妈，妈妈最爱的人是爸爸，爸爸妈妈一起来爱你"。这也有利于孩子顺利度过"恋父""恋母"时期。

2. 不做粗暴的"严父"。 不少父亲扮演着"严父"的角色，做专制型的父亲，习惯用简单粗暴的方式让孩子服从自己，比如打骂、责罚孩子。在孩子小时候，这种方式可能会让孩子屈服，但随着孩子慢慢长大，他们可能会产生一种逆反心理，甚至埋下对父亲怨恨的种子。教育孩子不是管理，更不是统治，它应该是循循善诱，以身作则的。只有这样，孩子的成长过程才是安全的。比如，父亲不希望孩子总是沉迷手机游戏，那自己就应该做到在家放下手机，拿起书，多和孩子一起做户外运动。

父母的行为是孩子最好的榜样。

3. 父亲应尽早参与养育孩子。 父亲参与孩子的养育时间往往相对较晚。研究显示，父亲在孩子0～3岁婴幼儿期的参与度和参与质量远远低于孩子3～6岁的儿童期。其实在孩子婴幼儿期，甚至是在出生之前，父亲就应该积极参与。很多研究表明，父亲参与照顾的婴儿，在儿童时期会表现出更强的认知能力和社交能力，并且从两岁开始，孩子就更喜欢和父亲一起玩游戏，因为父亲更擅长游戏，更喜欢玩刺激、冒险类的游戏，母亲更多的是"看护"孩子。科学研究和认知对于父亲参与家庭教育对儿童生理发展的积极影响方面，已经扩展到胎儿阶段。也有研究显示，提高父亲在孕期的参与程度，能够有效降低孕妇及新生儿的不良健康状况。心理学家艾里希·弗洛姆（Erich Fromm）说，父亲是向孩子指出通往世界之路的人。

父母对养育的积极参与像是阳光和雨露，是滋养孩子茁壮成长的因素。运用合理的方法，积极参与养育中，那么无论是父亲、母亲还是其他家人，都会和孩子一同感受到幸福与爱的流动，共同沉浸在家庭的福流中。

结 语

在积极家庭系统中"富养"孩子

如果把家庭比作鱼缸，孩子就是鱼缸里的鱼。鱼如果要健康成长，鱼缸里的水质特别重要。如果鱼缸里的水质不好，鱼就会生病，甚至死亡。为了鱼的成长，就要定期换水，定期清理鱼缸。如果一个家庭是焦虑、压抑、负能量的，就相当于孩子这条鱼生活在污水中，时间长了，孩子就会出现各种行为偏差，比如情绪不稳定、人际关系发展不良、学习动力不足，甚至出现伤害自己或伤害他人的行为。如果家庭是积极、轻松快乐、正能量的，孩子这条鱼是生活在清透、富有氧气的鱼缸中的，孩子也会轻松、快乐、自由，积极向上，内驱力也被激发出来。

当下，教育内卷裹挟着一些父母的焦虑，孩子也面临非常大的压力。如果一个家庭由于各种原因充满了焦虑、压力，家庭氛围紧张压抑，整个系统就会失衡，孩子就感受不到家的爱与温暖，对孩子的教育和支撑就会失效。当有些家庭中孩子出现了厌学、辍学及网瘾等一些偏差行为的时候，父母会认为这都是孩子的问题，会想各种办法让孩子去改变。但是，如果孩子生活的这个家庭鱼缸里的水得不到清理更换，即使孩子通过一些

结　语
在积极家庭系统中"富养"孩子

方式努力改变了，也很快就会被污水影响。家庭鱼缸的水质是需要父母净化的，父母通过持续的学习、成长和改变，不断调整和保持家庭鱼缸水质的清透，才能真正给孩子提供良好的成长环境，让孩子自然地积极成长。

打造清透、富有氧气的家庭鱼缸，也就是构建积极的家庭系统，才是对孩子真正的"富养"。下面的一些问题，可以帮你给自己的家庭系统打个分，程度越高分值越高最高分是5分，最低分是1分。

小测试　你的家庭系统积极健康吗？

1. 你了解孩子的性格特点吗？

2. 你知道孩子有哪些优势吗？

3. 培养孩子的过程中，你是盲目跟随大众，还是因材施教？

4. 你们是情绪稳定的父母吗？

5. 在家与孩子经常有亲密、轻松、欢乐的互动吗？

6. 家里定期会有特定的活动及仪式吗？

7. 当孩子犯错或失败的时候，你是真正做到了接纳和温和地指导吗？

8. 作为父母，你经常阅读家庭教育方面的书籍吗？

9.你能积极倾听孩子,并能感知到孩子内心的声音吗?

10.你知道在孩子成长的每个阶段,需要家庭给到哪些具体支持吗?

11.你对孩子未来的成长有清晰的规划吗?

12.你与伴侣的关系和谐吗?

13.你对孩子的情绪能及时疏导吗?

14.你经常会欣赏、肯定孩子吗?

15.你经常鼓励孩子去挑战一些困难吗?

这些题的满分加起来是 75 分,如果你的分值在 60～75 分,你的家庭系统是属于很积极的;如果你的分值在 45～60 分,你的家庭属于比较积极的;如果你的分值是 30～45 分,你的家庭属于不够积极的;如果你的分值在 30 分以下,那就属于很不积极的情况。不同的区间,也可想象一下你的家庭鱼缸水质的情况。在构建积极家庭系统时,哪些方面是需要提升的?如何净化家庭鱼缸?

构建积极家庭系统,给孩子一个清透、富有氧气的家庭鱼缸,先要有积极的家庭信念系统,积极的思维和认知,积极的情绪,家庭成员都能在沟通中好好说话,不会陷入相互指责、相互抱怨的家庭内耗模式;要改善夫妻关系,让孩子时刻感受到自己脚下的"地基"是稳的;要建立安全型的亲子关系，给孩子足够的安全感和归属感；要让孩子学会感恩、有积极的自我认知，找到自己的优势和兴趣，专注于做自己喜欢的事情。让孩子在学习中体验到成就感和价值感，就不会过度沉迷于电子产品。

健康的鱼缸环境除了水质清净，还要有充足的营养。家庭成员间要学会彼此相互欣赏，相互认可，要善于用显微镜发现每个人的优点，并且用放大镜去放大优点，发自内心地表达肯定和欣赏，让整个家庭充满积极的氛围。另外，还要用望远镜看到家庭未来的发展，在关注孩子当下成绩和分数的时候，也要关注孩子的情感及心理发展，更要关注如何培养自己的孩子迎接未来社会。积极的家庭系统成员间相互影响，相互作用，相互支持，相互滋养，会让家庭成为一个积极能量场，每个人都是这个能量场中的能源供给者，这个家庭也就会拥有持续的能量，源源不断的能量让这个家庭处于良好的运行状态。

后 记

一套系统，化解大部分养育问题

王彩霞
大学副教授、积极心理学研究者与实践者

亲爱的父母，感谢你们读到了这里，感谢你们在陪伴孩子成长的路上，不断地学习成长。

我是一名家在北京海淀区的妈妈，也是一名大学老师。在陪伴孩子成长的过程中，面对各种竞争和压力，我深深感受到剧场效应下的内卷带来的焦虑、困惑与迷茫。我也像很多父母一样，非常渴望学习一些家庭教育的知识，我曾经把能搜到的家庭教育方面的书籍都买了。这些书有专门写专业理论的，有专门写故事案例的，也有一些国外引进的，很多时候我都是充满期待地打开一本书，却带着失望把书束之高阁。

同时，我也开始关注身边的父母，和他们沟通家庭教育的困惑。他们经常会说："你都在大学里教过那么多学生，你还焦虑什么？"这让我意识到，父母都有自己的事业，也许在各自的行业中已经非常优秀了，但作为父母这一角色，从事养育孩子的这份工作，我们都未经学习，无证上岗，于是总会感到困惑和迷茫。

在面对孩子成长中的问题时，很多父母自动套用了自己曾经经历的教育方式，却发现过去的方式已经不能用来教育现在的孩子了，父母需要学习，方能胜任父母这份工作。带着自身的体验和沟通中的各种观察感悟，我开始反思，什么样的内容能帮助到父母呢？

当我走进积极心理学领域，并做了一些相关课题的探索后，我找到了答案。积极心理学的研究打开了我全新的思维方式和视角，家庭教育不能只是关注问题和矛盾的解决，更要注重家庭的积极成长。

当我认识到孩子的天赋优势后，我对孩子有了更多的接纳，少了跟风的盲目教育。我也更清晰地知道营造哪种积极的家庭环境，孩子才能更专注，更有学习动力。

这本书从构思到完成花了一年半的时间，但从理论的积累到亲自陪伴孩子的成长，则有10年的时间。在撰写的过程中，我一直在思考如何让这本书真正地帮到所有父母，书中既要有积极心理学等专业知识的理论指

后记
一套系统，化解大部分养育问题

导，又要有家庭案例的真实呈现，另外还要有看到就能做到的实践练习。经过了多次反复的调研、讨论，本书撰写风格秉持专业但不晦涩，让父母对专业知识有认知，又能将专业知识与生活情景联系起来，因此本书对专业知识进行反复斟酌后添加了家庭案例。另外，为了不让父母只停留在知道的层面，更重要的是要做到，因此在每章中都有大量的篇幅涉及切实可用的实践练习，让父母翻开这本书，读到就能马上做到。

在撰写这本书的过程中，我跟很多父母都进行了深入的沟通交流，分享一些书中的观点，听取父母真实的反馈和感受，在这个过程中已经让部分父母成长和受益。所以期待本书能为更多焦虑的父母提供一些认知升级和行动指南。本书中呈现的家庭案例，每一个都是真实的，都是由父母口述，后来梳理而成，感谢他们允许我把这些故事写入书中与读者共享。

如果这本书能对您的成长学习带来帮助，首先要感谢清华大学的彭凯平教授，他作为中国积极心理学的开创者，所写的论文与著作给本书的写作带来了很多启发和灵感。不仅如此，他还对本书从构思到成稿亲自指导，并提供了宝贵的建议。

还要感谢清华大学社会科学学院的秦琴、陈涛、丁麓等老师在书籍撰写及出版过程中的支持。同时，还要感谢姚一摇从最初的全书策划，到后来的组稿与审稿，做了大量的文字整理与统筹的工作。还有王晓艳、康锦琳、孙语迟、高芳、杨文静、吉盼盼、吴雨薇、郭翔宇、刘琪、崔碧颖、郭亚苹等人对本书的撰写做出了贡献。凡此种种，不一而足。

本书出版之际，我儿子刚好升入北京市十一学校，成为一名初中生，感谢我的孩子，我们彼此陪伴 12 年，共同成长，让我感受到爱与幸福的滋养。

亲爱的父母，当你读完这本书，让我们一起行动，营造让孩子积极成长的家庭环境，给孩子安全感和归属感。同时也希望所有的孩子都能在爱中长大，每个孩子也都能乐观、勇敢、自信、坚定，拥有幸福的人生。

参考书目

1. 彭凯平、闫伟:《孩子的品格》,中信出版社,2021。

2. 彭凯平、闫伟:《活出心花怒放的人生》,中信出版社,2020。

3. 赵昱鲲:《自主教养》,北京科学技术出版社,2017。

4. 赵昱鲲:《无行动,不幸福》,万卷出版公司,2022。

5. 孙科、贾新超:《写给孩子的积极心理学故事》,清华大学出版社,2022。

6. 李崇建:《心教》,湖南文艺出版社,2022。

7. 李崇建、曹敬唯:《萨提亚深层沟通力》,湖南文艺出版社,2023。

8. 黄静洁:《学习的格局》,中信出版社,2020。

9. 许燕:《成为更好的自己》,机械工业出版社,2021。

10. 谢刚:《习得幸福》,北京师范大学出版社,2021。

11. 马丁·塞利格曼:《持续的幸福》,颜雅琴译,北京联合出版公司,2022。

12. 马丁·塞利格曼：《真实的幸福》，洪兰译，浙江教育出版社，2020。

13. 米哈里·希斯赞特米哈伊：《心流》，张定绮译，中信出版社，2017。

14. 米哈里·希斯赞特米哈伊：《创造力》，黄珏苹译，浙江人民出版社，2015。

15. 弗吉尼亚·萨提亚：《新家庭如何塑造人》（第 2 版），易春丽、叶冬梅译，世界图书出版公司，2018。

16. 泰勒·本-沙哈尔：《幸福的方法》，汪冰、刘骏杰、倪子君译，中信出版社，2022。

17. 岸见一郎、古贺史健：《幸福的勇气》，渠海霞译，机械工业出版社，2020。

18. 埃伦·兰格：《专念学习力》，黄珏苹译，浙江人民出版社，2012。

19. 克里斯托弗·彼得森：《打开积极心理学之门》，侯玉波、王非等译，机械工业出版社，2020。

20. 盖瑞·查普曼：《爱的五种语言》，王云良、陈曦译，江西人民出版社，2010。

21. 菲利普·津巴多、罗伯特·约翰逊、薇薇安·麦卡恩：《津巴多普通心理学》，钱静、黄珏苹译，中国人民大学出版社，2016。

未来，属于终身学习者

我们正在亲历前所未有的变革——互联网改变了信息传递的方式，指数级技术快速发展并颠覆商业世界，人工智能正在侵占越来越多的人类领地。

面对这些变化，我们需要问自己：未来需要什么样的人才？

答案是，成为终身学习者。终身学习意味着永不停歇地追求全面的知识结构、强大的逻辑思考能力和敏锐的感知力。这是一种能够在不断变化中随时重建、更新认知体系的能力。阅读，无疑是帮助我们提高这种能力的最佳途径。

在充满不确定性的时代，答案并不总是简单地出现在书本之中。"读万卷书"不仅要亲自阅读、广泛阅读，也需要我们深入探索好书的内部世界，让知识不再局限于书本之中。

湛庐阅读 App：与最聪明的人共同进化

我们现在推出全新的湛庐阅读 App，它将成为您在书本之外，践行终身学习的场所。

- 不用考虑"读什么"。这里汇集了湛庐所有纸质书、电子书、有声书和各种阅读服务。
- 可以学习"怎么读"。我们提供包括课程、精读班和讲书在内的全方位阅读解决方案。
- 谁来领读？您能最先了解到作者、译者、专家等大咖的前沿洞见，他们是高质量思想的源泉。
- 与谁共读？您将加入优秀的读者和终身学习者的行列，他们对阅读和学习具有持久的热情和源源不断的动力。

在湛庐阅读 App 首页，编辑为您精选了经典书目和优质音视频内容，每天早、中、晚更新，满足您不间断的阅读需求。

【特别专题】【主题书单】【人物特写】等原创专栏，提供专业、深度的解读和选书参考，回应社会议题，是您了解湛庐近千位重要作者思想的独家渠道。

在每本图书的详情页，您将通过深度导读栏目【专家视点】【深度访谈】和【书评】读懂、读透一本好书。

通过这个不设限的学习平台，您在任何时间、任何地点都能获得有价值的思想，并通过阅读实现终身学习。我们邀您共建一个与最聪明的人共同进化的社区，使其成为先进思想交汇的聚集地，这正是我们的使命和价值所在。

CHEERS

湛庐阅读 App
使用指南

读什么
- 纸质书
- 电子书
- 有声书

怎么读
- 课程
- 精读班
- 讲书
- 测一测
- 参考文献
- 图片资料

与谁共读
- 主题书单
- 特别专题
- 人物特写
- 日更专栏
- 编辑推荐

谁来领读
- 专家视点
- 深度访谈
- 书评
- 精彩视频

HERE COMES EVERYBODY

下载湛庐阅读 App
一站获取阅读服务

著作权所有，请勿擅用本书制作各类出版物，违者必究。

图书在版编目（CIP）数据

积极的家庭养育幸福的孩子 / 钱静，王彩霞，马金库著．—长沙：湖南教育出版社，2024.3
 ISBN 978-7-5539-9453-6

Ⅰ．①积… Ⅱ．①钱… ②王… ③马… Ⅲ．①家庭教育 Ⅳ．① G78

中国国家版本馆CIP数据核字（2023）第212693号

JIJI DE JIATING YANGYU XINGFU DE HAIZI
积极的家庭养育幸福的孩子

出 版 人：	刘新民
责任编辑：	陈逸昕
封面设计：	ablackcover.com
出版发行：	湖南教育出版社（长沙市韶山北路443号）
网　　址：	www.jiaxiaoclass.com
微 信 号：	家校共育网
电子邮箱：	hnjycbs@sina.com
客服电话：	0731-85486979
经　　销：	全国新华书店
印　　刷：	唐山富达印务有限公司
开　　本：	710mm×965mm　1/16
印　　张：	14
字　　数：	132千字
版　　次：	2024年3月第1版
印　　次：	2024年3月第1次印刷
书　　号：	ISBN 978-7-5539-9453-6
定　　价：	79.90元

本书若有印刷、装订错误，可向承印厂调换。